rowohlt
POLARIS

Anne Sauer ist freie Texterin, Podcasterin und Moderatorin in Hamburg. Geboren wurde sie, wie Taylor Swift, 1989, studierte Buchwissenschaft und Philosophie und absolvierte die Hamburg School of Ideas. Sie ist Teil von Literaturjurys, empfiehlt mit Tina Lurz Bücher im Podcast «MONATSLESE» oder als @fuxbooks auf Instagram. 2022 gewann sie für ihre Arbeit den Börsenblatt Young Excellence Award. Sie möchte nicht gefragt werden, welches Album von Taylor Swift ihr liebstes ist – aber antworten würde sie vermutlich mit *reputation*.

«Die öffentliche Wahrnehmung hat sich verändert, und Taylor Swift gilt jetzt auch in literarischen Kreisen als relevante Geschichtenerzählerin. Ich freue mich. Gleichzeitig denke ich wieder einmal: Wie viel muss eine Frau schreiben, um ernst genommen zu werden?»

ANNE SAUER

LOOK WHAT SHE MADE US DO

Über Taylor Swift

Rowohlt Polaris

3. Auflage August 2024
Originalausgabe
Veröffentlicht im Rowohlt Taschenbuch Verlag, Hamburg, August 2024

Covergestaltung Hauptmann & Kompanie Werbeagentur, Zürich
Coverabbildung Shutterstock
Satz aus der Swift Neue
Gesamtherstellung CPI books GmbH, Leck
ISBN 978-3-499-01642-4

to all of my friends who loved before

INHALT

It was rare, I was there
I remember it all too well

Taylor Swift – All Too Well

Was ist das für ein Glück, eine Verbundenheit
dank eines einzigen Satzes zu fühlen? Das größte.

Ruth-Maria Thomas

VORWORT

Seit Jahren will ich ein Buch über Taylor Swift schreiben, und hier sitze ich plötzlich und soll wirklich ein Buch über Taylor Swift schreiben. Über eine Frau, deren Musik sich zum Soundtrack der wichtigsten Etappen meines Lebens entwickelt hat. Eine Songwriterin, die mich inspiriert, eine Businessfrau, die mir imponiert. Ein Buch über diese Ausnahmekünstlerin, die gefühlt alle **13** Minuten Rekorde bricht und spätestens 2023 einen Hype ausgelöst hat, den sich die meisten Menschen noch nicht so richtig erklären können. Wie wurde aus dem Mädchen mit Gitarre der Weltstar, dem heute Millionen von Fans zu Füßen liegen?

Die Karriere von Taylor Swift begann 2004 in Nashville, wo sie der Musikproduzent Scott Borchetta im legendären *The Bluebird Café* entdeckte und ihr einen Plattenvertrag in seinem Label Big Machine Records anbot, das sich damals noch in der Gründungsphase befand. Taylor war vierzehn Jahre alt, schrieb seit Jahren ihre eigenen Songs und träumte davon, auf den großen Countrybühnen des Landes zu performen. Aus dem Traum wurde eine alle Vorstellungen übertreffende Realität: Fast zwanzig Jahre, über dreihundertfünfzig Millionen verkaufte Platten und u.a. vierzehn Grammys später zählt die am **13**. Dezember 1989 in Reading, Pennsylvania, geborene Taylor Alison Swift zu den erfolgreichsten Musikerinnen aller

Zeiten. Sie gilt als eine der einflussreichsten Stimmen der Branche, nicht zuletzt wegen ihres konstanten Engagements für die Rechte von Musiker:innen. «Taylor Swift *is* the Music Industry»,[1] erklärte Bloomberg Businessweek bereits 2014. Seit März 2023 ist sie mit ihrer *The Eras Tour* unterwegs, einer Reise durch all ihre musikalischen Epochen der letzten achtzehn Jahre. In hundertzweiundfünfzig Shows performt sie weltweit in ausverkauften Stadien vor bis zu sechsundneunzigtausend Fans. Und während dieser Text entsteht, sucht das Victoria and Albert Museum in London einen «Super-Swiftie», um die Kurator:innen zu Taylor Swifts Bedeutung für die Kunst- und Designgeschichte der letzten Jahrzehnte zu beraten. Taylor Swift steht aktuell, 2024, auf dem Gipfel ihrer Karriere. Und ein Abstieg ist noch lange nicht in Sicht. Nachdem sie bereits 2017 als ein Teil der *The Silence Breakers* zur TIME *Person of the Year* gekürt wurde, erhielt sie diesen Titel im Dezember 2023 erneut. Es war das erste Mal, dass er eine:r Entertainer:in allein verliehen wurde. Für uns Swifties keine besonders große Überraschung, denn während endlich die ganze Welt begriff, dass sich die kulturelle Bedeutung dieses Pop-Phänomens nicht mehr ignorieren lässt, saßen wir nur stolz nickend zu Hause und gaben uns ein kollektives High Five auf Social Media. Ich schreibe selbstbewusst «wir», zähle mich also zu den Swifties – der Kategorie Fan, die immer ein bisschen mehr liebt. Zum aktuellen Zeitpunkt scheint es unmöglich, über Taylor Swift zu sprechen, ohne nicht auch die Swifties mitzudenken. Sobald man mit mir über Taylor ins Gespräch kommt, positioniert sich mein Gegenüber nicht nur zur Künstlerin, sondern auch zu dieser so besonderen, einflussreichen und ohne Zweifel eigenwilligen Fankultur. Und ich frage mich: Bin ich tatsächlich ein echter Swiftie? Was zeichnet «uns» aus, und wer entscheidet das eigentlich?

Es waren die Fans selbst, die sich diesen Namen gaben, ein Kosewort für die treue Fan-Community. Die Herleitung ist, denke ich, klar. Taylor Swift, Swiftie – you get the idea. Fast hätten «wir» sogar eine Auszeichnung abgestaubt, nämlich als Oxford Word of the Year 2023.[2] Die offiziellen Definitionen schwanken zwischen «enthusiastic fan» und «obsessed», also zwischen begeistert und besessen. Worüber sich allerdings kaum noch diskutieren lässt, ist die Macht, über die die Swifties verfügen. Wir sorgen für Erdbeben, den Einsturz von Onlineshops und für allerhand nervöse Verschwörungstheorien auf der Seite der Donald-Trump-Anhängerschaft. «Don't mess with the Swifties» wurde zum geflügelten Motto, dem ich mich in diesem Buch ebenfalls widmen werde. Ich hatte diese Sentenz allerdings auch als erste Reaktion im Kopf, als sich abzeichnete, dass ich dieses Buch schreiben darf. Denn wie soll das gehen, dieses Pop-Phänomen und diesen scheinbar plötzlichen Hype auf wenigen Seiten zu erklären? Wie einen kurzen, erhellenden Einblick in diesen schillernden, komplexen Kosmos gewähren, in dem wir Swifties seit fast zwei Jahrzehnten schweben? Und was ist, wenn ich dabei auch etwas entdecke, das mich diese Liebe hinterfragen lässt?

Dieses Buch ist eine Einladung, mich in **13** Kapiteln auf eine persönliche Reise durch die «Eras» der letzten zwei Jahrzehnte zu begleiten. Dafür braucht es nichts als Neugierde. Ich will herausfinden, was mir Taylor Swift wirklich bedeutet und warum so viele Swifties sie so bedingungslos verehren. Was es ist, das uns mit ihr und untereinander verbindet. Und da ich weder Musik- noch Kulturwissenschaftlerin bin, bleibt mir dafür nur der Weg, den Taylor Swift selbst wählen würde: mitten durch die pure Emotion.

1. ERFOLG

Über einen Hype, den alle verstehen wollen

I'll show you every version of yourself tonight
I'll get you out on the floor
Shimmering beautiful
And when I break, it's in a million pieces

Taylor Swift – mirrorball

Gerade spaziere ich durch mein Viertel, als sich das Swift-Universum mal wieder verschiebt. In einer Hand halte ich einen Salted Caramel Latte mit Hafermilch, das Getränk, dem ich den Aberglauben angedichtet habe, dass es mich zu Höchstleistungen antreibt. Und die brauche ich jetzt sehr dringend, denn ich denke darüber nach, wie ich diesen Text über Taylor Swift beginnen soll. Es ist Freitag, bereits nach zwölf Uhr, und ich habe immer noch keine Zeile geschrieben. Ich schlendere also gedankenverloren und mit einem Funken Panik im Hinterkopf durch meine Nachbarschaft, als es in meiner Jackentasche vibriert. Eine Nachricht von irgendwem, denke ich, doch es ist eine Eilmeldung von Instagram: «Taylor Swift geht jetzt live.»

Sofort bleibe ich stehen, öffne die App, drehe die Lautstärke meiner Kopfhörer voll auf. Ich sehe Taylor an ihrem blumenumrankten Klavier sitzen. Es ist ein Livestream aus Sydney, dem aktuellen Stopp ihrer *The Eras Tour*. Schnell suche ich mir einen ruhigen Platz zwischen Altpapiercontainern und Bordsteinkante, um diesem historischen Moment mit voller Aufmerksamkeit beizuwohnen. Mein Puls schießt nach oben, alles kribbelt, und ich lache mich selbst ein bisschen dafür aus, dass ich hier so herumstehe wie ein absolutes Fan-Klischee. Aber ich weiß, dass für unzählige Menschen weltweit gerade ebenfalls die Zeit stehen bleibt. Im Stream befinden sich bereits hundertsiebenundvierzigtausend, als ich mich dazuschalte, etwa zehn Sekunden später schon doppelt so viele. Und alle schauen wir auf unsere Bildschirme, halten den Atem an, während Taylor eine Ansprache hält. Wenn *sie* live geht, muss etwas passieren. Unsere Gehirne laufen auf Hochtouren: Spielt sie gleich einen Song vom neuen Album? Kündigt sie endlich *reputation (Taylor's Version)* an? Verrät sie uns einen ihrer liebsten Katzenwitze? Dann die Auflösung: Sie eröffnet uns, dass es eine weitere Sonderedition zu ihrem bald erscheinenden Album *The Tortured Poets Department* geben wird inklusive des Bonustracks «The Albatross». Auf dem überdimensional großen Screen hinter ihr erscheint jetzt das Bild dazu – und die zweiundachtzigtausend Swifties in Sydney rasten komplett aus.

Die Übertragung endet. Und ich bin genervt. Noch eine Sonderedition zu dem Album, das ich mir natürlich direkt nach der Ankündigung vorbestellt habe. Ein weiteres, gar nicht mal so günstiges Paket, das es jetzt nur für kurze Zeit zu kaufen gibt, bloß mit anderem Cover und nur einem weiteren neuen Song. Ich schicke einen Screenshot vom Livestream an M. Er antwortet sofort: «Die macht mich fertig!» Er hat vollkommen recht. Es hat einen Preis, Swiftie zu sein. Der eine kostet Geld, der andere vor allem Nerven. Ich bin eine erwachsene Frau Mitte dreißig, die gerade mit Herzrasen in der Gegend rumstand, die Welt um sie herum ausgeblendet und einer anderen erwachsenen Frau dabei zugesehen hat, wie diese einfach nur ein Foto von sich auf einem Bildschirm präsentiert hat. Aber weil es nicht nur irgendeine Frau, sondern eben Taylor *Mother* Swift ist, weiß ich auch, dass sich meine Genervtheit in wenigen Minuten in vollkommene Faszination verwandeln wird. Ich weiß, dass genau in diesem Moment ebenjene unzähligen Swifties in allen möglichen Ländern hinter ihren Computern kleben und nach Hinweisen, Easter Eggs und Erklärungen suchen. Sie werden twittern und reagieren, analysieren und mystifizieren. Warum denn jetzt ein Albatros? Welche Bedeutung hat dieses Tier, dieses Wort? Wen meint sie damit? Nichts ist gerade so sicher wie die Tatsache, dass wir Swifties die Antwort auf diese Fragen zu kennen glauben, noch bevor ich meinen Salted Caramel Latte ausgetrunken habe. Taylor Swift ist die Maschine, die in einer Tour Alben produziert. Dabei sind wir es, die Swifties, die die Maschine am Laufen halten. Millionen Zahnräder, die sofort zu rotieren beginnen, die ineinandergreifen und regelmäßig beinahe durchdrehen, wenn ein noch so kleines Häppchen an Information zur Schaltzentrale durchdringt. Sie lebt von uns und wir von ihr. Wir kennen ihr Gesicht aus jedem Kamerawinkel, wir interpretieren ihre Blicke, Grimassen, Gesten. Wenn uns jemand fragt: «Hast du schon gesehen, dass Taylor ...», unterbrechen wir sofort mit «Ja». Das weltweit geknüpfte Netz zwischen uns Swifties ist so stark, dass wir nahezu in Echtzeit wirklich, ganz ehrlich, alles voneinander und Taylor Swift mitbekommen. Wir wissen, dass sie auf der Bühne in Singapur gehustet hat, noch bevor es Stunden später auf den Promi-Seiten im Internet auftaucht. So gerne ich Taylor jeden Tag auf meinem Smartphone sehe: Diese Frau kann keinen Schritt mehr tun, ohne dass ihr die ganze Welt dabei auf den Fersen ist.

Einer, der daraus ein moralisch fragwürdiges Hobby gemacht hat, ist Jack Sweeney. Ein Informatikstudent und Jungunternehmer, der aus seinem Studentenwohnheim heraus die Flugrouten prominenter Privatjets trackt. Seine Faszination für Luftfahrt und Softwareentwicklung hat ihn dazu verleitet, Daten aus der privaten Luftraumüberwachung zu sammeln und sie mithilfe eines eigens programmierten Bots über Social Media zu verbreiten. Er will, «dass frei verfügbare Informationen auch dann frei bleiben, wenn mächtige Menschen etwas dagegen haben».[3] Auf seiner Liste dieser mächtigen Menschen stehen Elon Musk, Kylie Jenner, Joe Biden, Mark Zuckerberg und eben auch Taylor Swift. Die Tatsache, dass eine Frau, auch wenn sie der größte Popstar des Planeten ist, in Echtzeit getrackt wird, ist verstörend und enorm gefährlich. Schon in der Vergangenheit hatte Taylor Swift Probleme mit Stalkern, von denen einer sogar eine Weile unbemerkt in ihrem Apartment schlief.[4] Und mit der Veröffentlichung ihrer Reiserouten gefährdet Sweeney ihre Sicherheit potenziell extrem.

Für eine Flugroute interessierten sich im Februar 2024 plötzlich nicht nur Sweeney und die Swifties, sondern auch die ganze Welt: Tokio – Las Vegas, knapp 13 Stunden Flugzeit. Schafft es Taylor Swift pünktlich zum Super Bowl?, lautete *die* Frage der Stunde, auch in den deutschen Medien. Der Hintergrund: Sehr zum Ärger einiger NFL-Anhänger (hier muss nicht gegendert werden) besuchte Taylor in den Monaten davor die Football-Matches der Kansas City Chiefs, um ihren Freund Travis Kelce und sein Team anzufeuern. Und wenn Taylor Swift plötzlich in der NFL mitmischt, steht Amerika komplett Kopf. Es wurde sich also vor allem beschwert: über die Screentime von Swift, über ihren Schmuck (Armbänder und Anhänger mit der Kelce-Nummer 87), über ihre Begleiter:innen in der Loge (und deren Schmuck), über die Tatsache, sie würde ihren Freund ablenken.[5] Ah, da ist sie wieder, die alte Leier: Haltet die Frauen mit ihren aufreizenden Lippen und Brüsten fern, wir können uns sonst nicht konzentrieren! Ich glaube, ich muss nicht näher ausführen, warum ich bei der Berichterstattung über Taylor beim Football nicht mehr aus dem Augenrollen herauskam. Dann war er endlich da, der Super Bowl, das mediale Riesenspektakel der USA. Und mit ihm auch eine rechtzeitig gelandete Taylor Swift (und mein heimlicher Wunsch, die Chiefs mögen bitte verlieren, damit Taylor nicht zu sehr im Hasszentrum der Medien und Fans stünde und der ganze Football-Trubel dann bitte endlich vorbei sei). Natürlich hatten die Chiefs gewonnen, und natürlich fluteten am Morgen danach Fotos vom sich küssenden Paar meinen Instagram-Feed. Dass wir Swifties diesem filmreifen Moment zwischen Travis und Taytay auch gleich den passenden Soundtrack aus hauseigenen Swift-Lyrics verpassten, ist selbstredend. Plötzlich ergaben Zeilen wie «She's Cheer Captain, and I'm on the bleachers!» einen völlig neuen Sinn. Dass die Medien darüber berichten, wie Taylor Swift den Super Bowl beeinflusst, mit ihrem Glückszahl-**13**-Wahnsinn verhext und gekapert habe, ist eine Entscheidung. Sie beschweren sich über einen Hype, den sie selbst befeuern. Denn wo sonst vor allem Spielzüge, Mannschaftsaufstellungen und millionenschwere Spielerdeals im Mittelpunkt stehen, sieht man nun also auch Taylor, wie sie einen Becher Bier wegext, mit ihren Freund:innen wegen eines Touchdowns ausrastet und beim euphorischen «Viva las Vegas!»-Siegesgegröhle ihres mit Adrenalin aufgepumpten Freundes versucht, ihr Gesicht nicht komplett entgleisen zu lassen. Die Welt ist dem Anblick von Taylor Swift verfallen. Und es gibt sehr viele Menschen, die von der medialen Aufmerksamkeit, die ihr zuteilwird, profitieren. Bilder des Weltstars generieren Klicks, also Geld. Viel Geld. Taylor Swift hat sich vor unseren Augen von der Teenagerin zur scheinbar unbesiegbaren Gladiatorin entwickelt, an deren übergroßer, schimmernder Fassade sofort abprallt, was einen Schaden hinterlassen will. Wir feiern jeden noch so kurzen Moment, in dem sie sich selbst der Öffentlichkeit zeigt, auch wenn es nur knapp zwei Meter Fußweg zwischen Autotür und Tonstudio sind. Wir himmeln sie an, hängen an ihren Lippen und glauben, in jeder Geste eine Offenbarung zu erkennen. Taylor Swift ist dafür bekannt, dass sie nahezu nichts dem Zufall überlässt, wenn es um ihre Arbeit geht. Sie hat die Regeln der Musikbranche für sich neu definiert. Sie hat die Rechte an ihrer Musik zurückerworben, veröffentlicht nun, wann und was so oft oder selten, wie sie will, ohne sich dem Willen von großen Labels beugen zu müssen. Und es ist genau diese Unberechenbarkeit, die bei ihren Fans ein solches Begehren auslöst. Wenn Taylor Swift die Bühne betritt, wissen wir nie genau, was passiert. Ob sie ein neues Album ankündigt, ein Video oder eben nur einen Bonustrack. Es ist die wertvollste Währung in der gegenwärtigen Aufmerksamkeitsökonomie: Wer nicht hinschaut, könnte etwas verpassen. Und wer nicht über Taylor Swift berichtet, wer sie nicht abbildet, verpasst nicht nur die Möglichkeit, Geld zu verdienen, sondern auch – als Swiftie gesprochen – die Chance, einen Anteil von ihrem Strahlen zu ergattern – ein klitzekleines, funkelndes Stück von dieser irrisierenden Discokugel namens Taylor Swift. Die Frage ist nur: Warum warten so viele darauf, dass der seidene Faden reißt, dass sie herunterfällt und zerbricht? Dass der Hype endlich vorbei ist? Warum rechnen wir insgeheim mit einem Scheitern, statt uns zu fragen: Was kommt da als Nächstes?

2. ERAS

Über die Ikonisierung eines Lebens

State the obvious – I didn't get my perfect fantasy

Taylor Swift – Picture To Burn

Als Taylor Swift im Oktober 2006 ihr Debütalbum veröffentlichte, war ich zum ersten Mal richtig verliebt. Und zwar nicht auf die «Wir üben knutschen hinter dem Tennisplatz»-Art, sondern auf die «Wie sollen unsere Kinder heißen»-Weise. Ich war damals sechzehn, genau wie Taylor. Aber anstatt meine Gefühle in ein Tagebuch zu schreiben und sie danach in Countrysongs zu verpacken, kippte ich sie in subtile MySpace-Beiträge oder affektierte ICQ-Chats. Die zu veröffentlichen, wäre mir niemals in den Sinn gekommen. Ich empfinde also tiefen Respekt für den Mut der Taylor von damals, selbstverfasste Songs über ihr eigenes Leben mit der Welt teilen zu wollen. Vor einiger Zeit bin ich sie noch mal durchgegangen, die gespeicherten und gescreenshotteten Unterhaltungen, die Textnachrichten aus den schlaflosen Nächten meiner Jugend. Ich blickte (teilweise fasziniert, vorwiegend schockiert) in das Herz meines sechzehnjährigen Ichs, das Zeichen zwischen den Zeilen zu lesen versuchte, wo wirklich keine waren, oder tagelang über ein leichtsinnig dahingetipptes «hdgdl» seines digitalen Gegenübers sinnieren konnte. «Warum nur ‹hdgdl› und nicht ‹ilu›?» Wie viele andere Millennials wuchs ich in dem Glauben auf, ich spiele die Hauptrolle in meinem eigenen Märchen, an dessen Happy Ending die große Liebe auf mich wartet. Von Taylor Swift wusste ich damals noch nichts, denn in Deutschland erschien ihr erstes Album erst zwei Jahre später. Außerdem war ich kurz davor, meine Indierock-irgendwie-auch-Emo-Phase zu betreten. Da passte das Countryalbum einer Sängerin in Rüschenkleid und Cowboyboots noch nicht so ganz in mein musikalisches Repertoire. Heute würde ich nicht mehr von Phase sprechen, sondern von «Era», so sehr prägt die Swift-Kultur mein alltägliches Vokabular. Es bezeichnet eine Facette, eine Epoche, eine bedeutende Ära meines Lebens, die geprägt war von Begegnungen und Beziehungen, eigenwilligen Gefühlen und einem ganz bestimmten Look. Und ich kann nicht über die bisherigen elf Studioalben von Taylor Swift schreiben, ohne nicht auch die Eras ihres Künstlerinnen- und Frauseins abzubilden. Dabei fällt es mir schwer, nicht ihr Äußeres in den Vordergrund zu stellen. Sollte nicht die eigentliche Arbeit, also die Musik über allem stehen und für sich sprechen? Wird Taylor Swift nicht schon genug auf ihre blonden Haare und blauen Augen reduziert? Ein doppeltes Ja! Gleichzeitig sind die Looks, Outfits und vor allem ästhetischen Konzepte einer jeden Era Teil ihrer Persona, ihrer Künstlerininszenierung – und im Rückblick sehr ikonisch. Und es hat etwas durchaus Befreiendes, wenn Taylor Swift auf ihrer *The Eras Tour* ihre früheren Versionen zelebriert, statt sich für diese zu schämen. Sollten wir das nicht alle mal mehr tun? Auf die ästhetischen Entscheidungen in allen Eras unseres Lebens mit Humor und Stolz zurückblicken, weil eben jede Facette wichtig für das Gesamtbild ist, das uns heute im Spiegel entgegenblickt? Eben.

Wie sehr die Eras von Taylor Swift mit der aktuellen Popkultur verwachsen sind, zeigten im März 2024 von Spotify selbst zusammengestellte Playlists. Gedacht als Begleitung zur noch laufenden *Eras Tour* trugen sie Titel wie «baddie», «who hurt u?», «situationship» oder «your best self». Die Cover dieser Listen zeigten jeweils einen Anhänger eines «fanship bracelets», eines Fan- bzw. Freundschaftsarmbands. Dabei handelte es sich um ein zur jeweiligen Era passendes Icon: einen karierten Mantel, einen roten Schal, Möwe und Schlange und, natürlich, Taylors Glückszahl **13**. Für die Nicht-Swifties, die das hier lesen: Diese Symbole sind so etwas wie Orientierungsschilder, die uns anzeigen, in welcher Swift-Era wir uns befinden. Taylor selbst nutzt diese Icons und andere Era-Codierungen wie z. B. bestimmte Farben oder Worte, um uns a) immer wieder komplett zu verwirren und b) zu beweisen, dass sie die visuelle Inszenierung ihrer Eras genauso liebt wie wir Fans.

Taylor-Swift-Era (2006–2008)

Schmetterlinge und Boots, verträumte Blicke und dramatische Rachegelüste – mit ihrem Debüt zeigte Taylor Swift, dass sie eine Sache früh begriffen hat: Es ist die Gleichzeitigkeit der Gefühle, die das Leben so aufregend macht. Besonders mit sechzehn. Und ganz besonders, wenn dieses Leben Gegenstand von Kunst werden soll. Mit ihrer ersten Single «Tim McGraw» betritt sie im Sommer 2006 die große Countrybühne der USA. Für ihr Debütalbum *Taylor Swift,* dessen Era wir heute mit der Farbe Grün verbinden, schrieb sie Songs, die von jugendlichen Romanzen, unerwiderten Gefühlen und unterdrückten Unsicherheiten erzählten, die alle Teenager kennen. Teenager, die laut einiger Country-Veteranen nichts in dieser Branche zu suchen hatten. «Sag ihr, sie soll wieder zur Schule gehen und zu mir kommen, wenn sie achtzehn ist»,[6] lautete der Kommentar von Jerry Bentley zum einschlagenden Erfolg der Newcomerin. In seinen dreißig Jahren als Country-Promoter und Manager habe er einige Teenager-Karrieren scheitern sehen. «I don't know what I want, don't ask me», singt Taylor in «A Place in this World». Was Taylor ganz bestimmt wollte, war, nach oben zu kommen, und dass sie für diesen Weg bereit war, wusste sie wohl schon da ganz genau. Fast fünfzehn Jahre später, 2020, kürte der Rolling Stone «Tim McGraw» zur elftbesten Debütsingle aller Zeiten.[7]

Fearless-Era (2008–2010)

Ich bin neunzehn Jahre alt, sitze in einem stickigen Klassenzimmer, um meine Abiturprüfung abzulegen, und frage mich: Was kommt, wenn das hier vorbei ist? Wie wird das sein, sich woanders ein neues Zuhause aufzubauen, weit weg von meiner Familie? Mit meiner kleinen Digitalkamera mache ich so viele Fotos von meinen Freund:innen und mir wie nur möglich, auf manchen formen wir unsere Hände zu Herzen. Ich freue mich auf meinen Abiball und finde plötzlich sogar glitzernde Kleider mit Pailletten toll. Am großen Tag drehe ich mir sehr aufwendig Locken in die Haare, die natürlich keine zwei Stunden halten. Ich bin unter Aufsicht betrunken, tanze und schwitze ungeniert in mein Polyesterkleid, ich feiere einen Abschied wie einen Anfang. An meiner Seite stehen zwei junge Männer (die ich noch nicht Männer nenne, sondern Ex-Freund und Freund). Ich liebe sie beide, einen davon heimlich. Der andere wird mich in wenigen Monaten betrügen, natürlich auch heimlich.

It's a roller coaster kind of rush
And I never knew I could feel that much

Taylor Swift – The Way I Loved You[8]

Mit Taylor Swifts zweitem Album begann für ihre Fans jetzt auch weltweit die Era einer Achtzehnjährigen, die sich entgegen aller Ängste entscheidet, sich ins Leben zu stürzen, und zwar «head first, fearless». Diese neue Era ist gelb codiert, aber auch gold, wild und leidenschaftlich. In zwanzig wütenden Minuten schrieb sie ihren Signature-Song «Love Story», der sie auf Platz eins der US-Charts katapultierte. Ein zweites Mal zeigte sich: «Sie ist fantastisch darin, das Leben von Teenagern mit einer Art wehmütiger, sepiafarbener Nostalgie zu betrachten.»[9] Für das Video zu «You Belong With Me» erhielt Taylor ihren ersten MTV Video Award, und mit insgesamt vier Grammys bescherte ihr *Fearless* den Titel der bis dahin jüngsten Gewinnerin in der Kategorie «Album of the Year».

Speak-Now-Era (2010–2012)

«Next chapter»: Mein Alltag besteht mittlerweile aus Uni, Unsicherheiten und Nudeln mit Pesto. Auf WG-Partys trinke ich zu viel von zu süßem Wein und suche in kurzen, magischen Blickkontakten die nächste große Liebe. Im ersten heftigen Trennungsschmerz meines Lebens finde ich meine beste Freundin, die auch noch bleibt, als mein Herz schon lange wieder geheilt ist. Ich feiere meine Freiheit und weine vor Heimweh, ich befinde mich irgendwo zwischen Erwachsenwerden und Erwachsensein. Ich werde nachts auf dem Campus zum ersten Mal sexuell belästigt und erzähle es niemandem. Ich fange an zu schreiben.

You are the best thing that's ever been mine

Taylor Swift – Mine

Als Reaktion auf Kritiker, die die Qualität und Authentizität ihres Songwritings anzweifelten, schrieb Taylor Swift mit einundzwanzig Jahren ihr drittes Studioalbum *Speak Now* komplett alleine. Darin verarbeitete sie die Situationen in ihrem Leben, in denen sie etwas sagen wollte, es aber doch nie getan hat. Es ist zauberhaft, theatralisch, episch und violett, es verbindet Unschuld mit Verständnis, Country mit Pop. Von «Never Grow Up» über «Dear John» bis «Innocent»: Taylor schrieb nun nicht mehr über Jungs aus ihrer Heimat, sondern nutzte ihr «messerscharfes Talent für die Formulierung der perfekten Liedzeile»[10] jetzt für weitaus größere Themen – zum Beispiel die Kritik an ihrer Kunst. Mit der Single «Mean» reagierte sie auf die harschen Worte des Musikbloggers Bob Lefsetz, der ihre Gesangsqualitäten infrage stellte. Sie gewann zwei Grammys dafür.

Red-Era (2012–2014)

Knallrote Lippen und glattes Haar statt wilder Lockenmähne, High-Waist-Shorts und enge Shirts statt wallender Kleider – mit *Red* läutete Taylor Swift nicht nur musikalisch eine neue Era ein. Erstmals arbeitete sie mit dem Produzenten Max Martin zusammen, was ihr absolute Megapophits wie «We Are Never Ever Getting Back Together» oder «I Knew You Were Trouble» bescherte. «In diesem Album geht es um die anderen Arten von Liebe, die ich in letzter Zeit erlebt habe»,[11] verriet Taylor damals selbst über ihr viertes Studioalbum, das der Rolling Stone als einen «16-Song-Geysir voll eigenwilligem Eklektizismus»[12] beschrieb. Auch wenn sie damit keine Grammys gewann, markierte es für die damals zweiundzwanzigjährige Taylor einen unüberhörbaren Wendepunkt ihrer Karriere und festigte, nicht zuletzt dank Songs wie «All Too Well» oder dem titelgebenden «Red», ihr Image als Storytelling-Talent.

We're happy, free, confused and lonely at the same time
It's miserable and magical, oh, yeah

Taylor Swift – 22

Ich bin zweiundzwanzig, und «everything has changed». Mein Studium ist vorbei, und ich beginne meinen ersten richtigen Job. Als Angestellte mit regelmäßigem, wenn auch noch niedrigem Gehalt. Ich lerne, mich an neue Regeln zu halten, und will es allen recht machen. Außer mir selbst. Hals über Kopf verliebe ich mich in einen Mann, der mich zwei Jahre lang durch ein Minenfeld der Emotionen wandern lässt, «loving him is like driving a new Maserati down a dead end street». Er lehrt mich, stets dankbar zu lächeln und schweigend zu nicken, ihm meine Meinung nur dann zu sagen, wenn er danach fragt. Mit ihm bin ich einsam. Es ist meine erste toxische Beziehung, die ich erst viele Jahre später als solche begreifen werde.

1989-Era (2014–2017)

Mit ihrem nächsten Album kappte Taylor Swift (zumindest vorerst) ihre Countrywurzeln und produzierte u. a. erstmalig mit Jack Antonoff ein reines Pop-Album, das ihr wiederum als erste weibliche Künstlerin zum zweiten Mal den Grammy für das Album des Jahres einbrachte – und ein Jahr nach Erscheinen von Ryan Adams gecovert wurde. Hits wie «Shake It Off», «Style», «Bad Blood» oder «Blank Space» bohrten sich mit unvergesslichen Beats, Refrains und Lyrics unwiderruflich in unsere Köpfe und verwandelten Taylor Swift endgültig in eine globale Pop-Ikone. «Ihre neuen Songs sprühen und knistern vor Elektrizität und selbstbewusstem Witz», hielt die New York Times zum fünften Album von Swift fest, die mit Popmusik nahezu «ohne zeitgenössische Bezüge» nach etwas Höherem strebe: Zeitlosigkeit.[13] Strahlendes Blau, bunte Sonnenbrillen und Polaroidfotos, ein kurzer Bob und glitzernde Crop-Tops: *1989* verbindet Eighties Pop mit dem vibrierenden Style der 2000er, das Album bedeutete Umbruch, Upbeat und BFFs. Denn neben ihrem Style änderte Taylor in dieser Era auch ihren Freundinnenkreis und zeigte sich immer öfter mit einer Gruppe von Freundinnen, ihrem sogenannten «Swift-Squad». Mit dem Albumtitel ehrte sie ihr eigenes Geburtsjahr und verpasste damit einmal mehr einer Generation von Swift-hörenden Millennials den Soundtrack ihres Lebens.

When we first dropped our bags on apartment floors
Took our broken hearts, put them in a drawer
Everybody here was someone else before

Taylor Swift – Welcome To New York

Ich bin fünfundzwanzig und fange noch einmal von vorne an. Ich ziehe weit von zu Hause weg, vom Süden nach Hamburg, was meine Mutter etwa sechs Jahre lang für eine Phase halten wird. Ich beginne eine Ausbildung, lebe mit wenig Geld in einem zu teuren WG-Zimmer mit durchgelegener Matratze auf abgetretenem Laminat. Ich lerne mehr Menschen in wenigen Monaten kennen als in den letzten zehn Jahren zuvor, verbringe meine Zeit in einer Werbeagentur, in der Hochschule und in Bars, ich lerne, Bier zu exen, meinen toxischen Ex zu vergessen und mich in dieser leuchtenden, lauten Stadt zurechtzufinden. Ich lerne, alleine zu sein. Es zu mögen. Ich suche Ruhe am Hafen, wo die Möwen über meinem Kopf kreischen, ich arbeite viel und schlafe zu wenig, ich bin überzeugt: Ich lebe mein allerbestes Leben.

reputation-Era (2017–2019)

In meinem Kopf ist es monatelang zu laut, bevor es plötzlich ganz still wird. Meine Hausärztin sagt, ich bin erschöpft, und verbannt mich in einen dreiwöchigen Rückzug. Meine Chefs glauben mir meine Krankheit nicht. Bin ich nicht müde, bin ich mindestens wütend: auf den Sexismus in der Agentur, auf das Schulterzucken der Männer, auf meine ausbleibende Gehaltserhöhung, auf mich, weil ich erst einknicken musste, um endlich aufrecht laufen zu können. Halt gibt mir dabei ein Partner, der mit mir im Laufe der kommenden Jahre Liebe und Beziehung neu für mich definieren wird.

You know I did one thing right
Starry eyes sparkin' up my darkest night

Taylor Swift – Call It What You Want

Währenddessen sang Taylor Swift «Look What You Made Me Do», feierte mit ihrem Elektropop-Album *reputation* ihr überraschendes Comeback und rechnete mit allen ab, die sie ein Jahr zuvor zu Fall bringen wollten, allen voran Kanye West (dazu später mehr). In dieser Era standen die Zeichen auf Rache. Die Ästhetik war düster und grungy, Schlangen, schwarze Bodysuits und oversized Hoodies dominierten den Look. Die Kritiken waren durchwachsen. Die einen sahen in *reputation* eine «sture Gereiztheit», mit der Swift «die Fähigkeit, die den Kern ihres Genies ausmacht, vernachlässigt»,[14] während laut Variety «Swifts Weigerung, sich zwischen herrlich übersprudelnden Sounds und roher, klassischer Offenheit entscheiden zu müssen»,[15] *reputation* zum Pop-Album des Jahres machen sollte. Mit Songs wie «Delicate», «Dancing With Our Hands Tight» oder «So It Goes…» zeigte Taylor, dass die heimliche Kernbotschaft jedoch eine andere war: «Finding love throughout all the noise».[16]

Lover-Era (2019–2020)

Wie ein Regenbogen nach dem Sturm: Im Sommer 2019 veröffentlichte Taylor Swift ihr siebtes Studioalbum und hüllte unsere Welt in einen Schleier aus Pink, Pastell und Pailletten. *Lover* feiert die Liebe in all ihren schillernden Facetten und hält mit «Cornelia Street» und «Death By A Thousand Cuts» auch zwei von Taylors besten Breakup-Songs bereit. Mit «You Need To Calm Down» und dem dazugehörigen Musikvideo positionierte sie sich zum ersten Mal auch politisch, indem sie sich u.a. für die LGBTQIA+-Community starkmachte. Die Single veröffentlichte sie am 14. Juni, dem Geburtstag von Donald Trump. In «The Archer» thematisiert sie ihre konstante Angst, verlassen zu werden, in «Soon You'll Get Better (feat. The Chicks)» singt sie über die Krebserkrankung ihrer Mutter und das Gefühl der Ohnmacht, das ich nur wenige Monate später selbst verstehen werde. *Lover* ist Bauchkribbeln, Händchenhalten und vorauseilender Herzschmerz, es ist Dämmerung und Aufwachen, ein Erkennen von wahren Werten und neuen Prinzipien, es ist: Haltung. Auch die Kritiken sahen in *Lover* «eine Neukalibrierung, die ihre alten Stärken ausspielt und gleichzeitig neue Wege aufzeigt».[17] Den Grammy für das «Best Pop Vocal Album» gewann *Lover* nicht, dafür einen American Music Award für das «Favourite Pop/Rock Album». In ihrer *Lover*-Era wurde Taylor ebenfalls als «Artist of the Year» und «Artist of the Decade» ausgezeichnet, was ihr zwei weitere von mittlerweile vierzig American Music Awards einbrachte.

I've been sleeping so long in a 20-year dark night
(Now I'm wide awake)
And now I see daylight
Taylor Swift – Daylight

Ich bin dreißig Jahre alt und habe endlich gelernt, für mich einzustehen. Nicht nur für mich, sondern auch für andere. Ich sehe ganz klar, dass ich so vieles noch nicht weiß, mein Fokus verschiebt sich, macht Raum für andere Lebensentwürfe, Identitäten und Perspektiven. Ich erkenne den Unterschied zwischen feministisch denken und feministisch handeln. Ich glaube immer noch an Romantik, aber vor allem an die Liebe zwischen mir und den Freund:innen, die mich auf eine zuvor nie geahnte Weise stärken. Ich begreife langsam, was Loyalität und Ehrlichkeit bedeuten und wie aus der Hoffnung auf ein «Willst du mich heiraten?» auch ein «Wollen wir unsere nächsten Schritte gemeinsam gehen?» werden kann. Ich mache Pläne für die Zukunft. Das Leben ist gut.

folklore-&-evermore-Era (2020–2022)

Vier Monate nachdem uns der Ausbruch der Coronapandemie in den Lockdown zwang, veröffentlichte Taylor Swift völlig überraschend ihr achtes Studioalbum *folklore*, das von dem Rolling Stone als ihr bisher bestes Album mit den «umwerfendsten, herzzerreißendsten und emotional ambitioniertesten Songs ihres Lebens» gefeiert wurde.[18] Während wir einen Großteil unserer Zeit damit verbrachten, das Leben anderer Menschen auf unseren Bildschirmen zu beobachten, beantwortete Taylor die Sehnsucht nach Eskapismus und Ablenkung in siebzehn neuen Songs, die sich als musikalisch ganz neuer Soundtrack über die globale Stille, den weltweiten Stillstand legten. Die Lieder handeln dabei nicht nur von Liebesbeziehungen («betty», «august», «cardigan»), sondern auch von universellen Sorgen und Ängsten, die wir oft miteinander teilen, ohne sie einander mitzuteilen («peace», «this is me trying»). Die *folklore*-Era ist melancholisch und verträumt, richtet gleichzeitig einen glasklaren Blick auf das Wesentliche und feiert in für Taylor bisher ungehörten Tönen die Komplexität, Schönheit und eben auch die Unplanbarkeit des Lebens. Von der Pandemie in den Lockdown gezwungen, errichtete Taylor ihr eigenes Studio im Schlafzimmer, um *folklore* aufzunehmen. Als erste weibliche Künstlerin gewann sie damit zum dritten Mal den Grammy für das «Album of the Year».

I'm doing good, I'm on some new shit
Been saying «yes» instead of «no»

Taylor Swift – the 1

Keine sechs Monate nach der Veröffentlichung von *folklore* kündigte Taylor Swift überraschend *evermore* an und verlängerte mit diesem atmosphärisch eher winterlich anmutenden Schwesteralbum ihre Indie-Folk-Era um siebzehn weitere Songs. Diese Form der Doppelveröffentlichung war so neu und beeindruckend, dass sich Taylor auf einmal auch in den täglichen Playlists von Menschen wiederfand, die noch nie zuvor auch nur ein Lied von ihr (bewusst) gehört hatten. Auch wenn uns die *folklore-evermore*-Era mit ihrer verspielten und mystischen Vintage-Ästhetik in nebelverhangene Wälder mit moosbewachsenen Holzhütten und ratternden Nachtzügen entführte, ist sie nichtsdestotrotz ein einziger großer *boss move* der Sängerin und ihrer Co-Produzenten Jack Antonoff und Aaron Dessner. Sowohl der Genrewechsel als auch die Veröffentlichung ohne Vorab-Promo bedeuteten mutige Schritte in eine neue Richtung. *evermore* steht ihrer älteren Schwester *folklore* dabei in nichts nach und manifestiert mit Tracks wie «champagne problems», «cowboy like me» oder «ivy» Taylors Ruf als «eine der smartesten Texterinnen im angloamerikanischen Pop».[19]

Break free and leave us in ruins
Took this dagger in me and removed it
Gain the weight of you then lose it
Believe me, I could do it

Taylor Swift – *tolerate it*

Ich kündige mitten in der Pandemie meinen Job als Texterin und mache mich selbstständig. Ich weiß noch nicht, was ich will, aber sehr genau, was nicht mehr. Ich muss mich zum ersten Mal für immer von einem geliebten Menschen verabschieden. Ich sehe das Leben mit anderen Augen, erkenne mich selbst. Ich plane nicht mehr für die Zukunft, finde Frieden in der Zurückgezogenheit, verliebe mich in eine neue Form der Zweisamkeit. Ich bin dankbar. Ich habe keine Ahnung mehr, was als Nächstes kommt. Und finde das sehr in Ordnung.

Midnights-Era (2022–2024)

Frankfurt, 21. Oktober 2022: Es ist etwa drei Uhr nachts, ich verlasse gut angetrunken eine Buchmessen-Party und laufe mit einem riesigen Blumenstrauß im Arm und einer gläsernen Trophäe im Rucksack durch den strömenden Regen ins Hotel. Ich bin zweiunddreißig Jahre alt, habe gerade einen Award gewonnen und die Nacht durchgetanzt, ich bin überglücklich. Mein Wecker ist auf Punkt sechs Uhr gestellt, denn dann erscheint *Midnights*, das zehnte Studioalbum von Taylor Swift. 13 neue Songs, die sich der Frage widmen: «What keeps you up at night?» Ihr neues Album ist vielleicht ihr bisher persönlichstes, denn es führt uns im feinsten Synthiepop-Gewand auf eine intime Zeitreise durch all ihre Eras. Die Texte rücken Themen in den Fokus, die einen umtreiben, wenn man alleine wach liegt. Weil eine Erinnerung oder ein Gedanke sich unaufhaltsam ausbreitet, wie ein Funke, der zur Flamme wird. *Midnights* bewegt sich auf einem breiten (Sound-)Spektrum der Emotionen. Eine Auswahl: Selbstzweifel und die wiederkehrende Angst, als «Anti-Hero» nicht gut genug zu sein. Zu laut zu sein, zu viel. Reue. Das unbeschreiblich gute Gefühl, wenn «Karma» auf deiner Seite ist. Wut über die irrationalen Erwartungen an ein Frauenleben. Gefühle von Einsamkeit und Ausgrenzung, der Wunsch nach Zugehörigkeit. Die Einsicht, dass auch «Sweet Nothing» genug sein kann. Die Frage nach dem «Was wäre gewesen, wenn». Akzeptanz, Abschluss, Aufstehen, nach jeder noch so schlaflosen Nacht. Kurzum: *Midnights* ist ein Album über die Erkenntnis, erwachsen geworden zu sein. In dieser dunkelblauen, sternenumrankten Era im atmosphärischen Retrolook präsentiert sich Taylor so selbstbewusst und, wie es in einem Song heißt, «Bejeweled» wie nie zuvor. Das Album bricht bereits am ersten Tag alle Verkaufs- und Streamingrekorde und besetzt die gesamte Top Ten der Billboard-100-Charts. Trotz dieses enormen Erfolgs zeigt Taylor sich öffentlich sanft und zerbrechlich. Und das ist es, was dieses Album, das so «cool, collected and mature»[20] ist, zum zeitlosen Gesamtkunstwerk macht: das Hand-in-Hand-Gehen von Stärke und Schwäche, von Kummer und Freude. 2024 gewann sie als erste Person überhaupt zum vierten Mal den Grammy für das «Album of the Year» und schrieb mit *Midnights* einmal mehr Musikgeschichte.

Ich liege also an besagtem Oktobermorgen 2022 auf meinem Bett im Frankfurter Hotelzimmer, völlig übernächtigt und immer noch überglücklich, höre diese neue Musik, deren Sprache ich dennoch auf Anhieb verstehe. Ich stehe auf und tanze ins Bad, ich lache und heule, während ich versuche, mir meine Augenringe zu überschminken. Ich fühle mich gleichzeitig so erwachsen und so kindisch wie lange nicht mehr, der Boden ist übersät mit Klamotten und Büchern, ich stehe mitten im

Chaos, und alles daran ist okay. Nur drei Stunden später veröffentlicht Taylor Swift überraschend weitere sieben Songs, die *Midnights (3am Edition)*, und in diesem Moment denke ich: Diese Frau macht, was sie will, und sie liebt alles daran. Dann stürze ich mich Hals über Kopf in diese neue Era, dieses neue Kapitel meines Lebens.

Take the moment and taste it
You've got no reason to be afraid

Taylor Swift – You're On Your Own, Kid

The-Tortured-Poets-Department-Era (ab 2024)

Ich erinnere mich zurück: An den Januar 2023, als ich lethargisch auf meiner Lieblingsbank saß und lustlos in eine Zimtschnecke biss. Ich hatte meine Energie verloren, nichts ergab Sinn. Weder meine Selbstständigkeit noch die wenigen kleinen Jobs, die ich in Aussicht hatte. Die Sonne schien, ich musste weinen. Irgendwie schaffte ich es aufzustehen, die unfreiwillig freie Zeit für mich zu nutzen und für eine Idee, aus der sechs Monate später ein unterschriebener Buchvertrag wurde. Das Jahr kippt zum Glück ins Gute: Ich stecke mein ganzes Herz in die ersten Seiten eines Romanmanuskriptes und bin berauscht von neuen Freundinnenschaften. Der Sommer vergeht flirrend und zu schnell, ich durchlebe mit meiner besten Freundin ihren Trennungsschmerz nach zwölf Jahren Beziehung, während mein Freund und ich entscheiden, unsere zu öffnen. Halb aus Trotz, halb aus der Sehnsucht nach Kontrolle pausiere ich meinen bis dahin gescheiterten Kinderwunsch, will so viel arbeiten und schreiben, wie es geht, bevor sich alles wieder ändern könnte. Ich verknalle mich unfreiwillig und begrüße dieses lang vermisste Teenagergefühl mit offenen Armen, bis ich es plötzlich wieder abstellen soll. Ich bin wochenlang ungewöhnlich oft unterwegs, schwebe irgendwo zwischen Aufregung und Ahnungslosigkeit, bis ich erneut in ein für andere nicht sichtbares Loch falle. Dann eine Leiter nach oben, raus aus dem Dunklen: «Schreib uns doch ein Buch über Taylor Swift.» Und ich klettere hoch.

I cry a lot but I am so productive, it's an art

Taylor Swift – I Can Do It With a Broken Heart

Zwei Monate danach, im April 2024, veröffentlicht Taylor ihr elftes Album *The Tortured Poets Department* (kurz *TTPD*). Es ist sechs Uhr morgens, ich liege noch im Bett in Berlin und bin bestens darauf vorbereitet, mir sechzehn Lieder lang gepflegt das Herz brechen zu lassen. «Come for the Torture, Stay for the Poetry»,[21] schreibt der Rolling Stone über Swifts neues Meisterstück, das sie zwei Stunden später noch um *The Anthology* ergänzt, fünfzehn weitere Songs. Ab diesem Punkt kommt wirklich niemand mehr klar, und ich muss dringend zum Zug zurück nach Hamburg. Erst viel später, nach zwei Stunden Fahrt, tagelangem Dauerhören und Durchfühlen habe ich *TTPD* vielleicht als das begriffen, was es für mich sein kann: die intime Offenlegung eines psychischen Ausnahmezustandes und ein gekonnter Schwenk auf das große Thema mentale Gesundheit. Das Konzept, die Lyrics und Sounds sind so wild, liebevoll und zerstörerisch, wie depressive Episoden eben so sein können. Ich höre heulend «So Long, London» und «loml», weil ich an meine beste Freundin und ihre Trennung denke. Ich schreie «Who's Afraid of Little Old Me?», als wäre ich der Bösewicht in meinem eigenen Roman, und schmeiße zur Bridge von «Guilty as Sin?» genießerisch den Kopf in den Nacken. Dieses Album ist nicht weniger als alles. Es entstand, während Taylor mit ihrer *The Eras Tour* unterwegs war, öffentlich und trotzdem im Stillen eine Trennung durchleben musste und sich überraschend neu verliebte. Sie flucht ohne Filter, während sie über Untreue, Alkoholismus und Drogen singt – und mit «But Daddy I Love Him» mutmaßlich sogar über das Christentum als gefährliches Instrument des Patriarchats, das Taylor, die unverheiratete Karrierefrau Mitte dreißig, mehr als einmal an den Pranger stellte. Sie zeigt sich lyrisch genial und pubertierend launisch zugleich, während sie auf ihrer Range zwischen lebensklugen, tieftraurigen Songs und Bauchkribbeln-Pop changiert. Für einige Swifties ist *TTPD* deshalb «the most Taylor Swift»-Album, in dem jede emotionale Facette ihrer bisherigen Eras glänzen kann. Und: «Es ist das erlösende Geständnis einer Frau, die dachte, sie hätte das Erwachsensein – und die Romantik der Erwachsenen – durchschaut, nur um festzustellen, dass sie nichts weiß.»[22] Schreibmaschinen, spitze Federn und

Tintenflecken auf angekokeltem Papier, Marmorbüsten, vertrocknete Blüten und dazwischen Taylor, die sich in fifty «shades of greige» durch ihre neue Era bewegt. Und während viele immer noch versuchen zu entziffern, welcher Song sich um welchen Ex-Freund dreht, verkauft sich *TTPD* in seiner ersten Woche knapp zwei Millionen Mal und erzielt beinahe neunhundert Millionen Streams. Taylor Swift bezeichnet das Album als abgeschlossenes Kapitel, als Geschichte, die hinter der Autorin liege. Und die Autorin *dieses* Textes ist schon sehr gespannt, welches Buch Taylor als Nächstes aufschlagen wird.

3. RE-INVENTING

Über das Bedürfnis, sich ständig neu erfinden zu müssen

Beauty is a beast that roars
Down on all fours
Demanding «more»
Only when your girlish glow
Flickers just so
Do they let you know

Taylor Swift – Clara Bow

Meine Aversion gegen das Bedürfnis nach Kategorisierung begann in der Grundschule, als vorgedruckte Freundschaftsbücher den Free-Spirit-Poesiealben ihren Rang abliefen. Statt «In allen vier Ecken soll Liebe drin stecken» hieß es jetzt: «Mein Lieblings-Hobby» und «Mein liebster Song». Viel später dann, auf WG-Partys, beim Dating, während des Büro-Small-Talks immer wieder das gleiche Tasten nach einem Schlüssel, der zu einer bestimmten Schublade passt. Ich verstehe den Wunsch, unsere Vorlieben einem *Genre* zuzuordnen. Es hilft uns, Verbindungen herzustellen («Du hörst auch Pop, okay, cool!»), aber eben auch, uns voneinander abzugrenzen («Du hörst nur Pop, okay, bye!»). Auch wenn es darum geht, Kunstformen miteinander zu vergleichen, kommen wir bisher noch nicht ganz ohne Label und Genres aus. Umso wilder wird es, wenn sich Künstler:innen dafür entscheiden, ihr eigenes Genre zu wechseln. In der Musik passiert das oft über einen jahrelangen, schleichenden Prozess, an dessen Ende dann nicht selten ein vernichtendes oder schlimmer: wenig Beachtung schenkendes «Hm, die alten Alben mochte ich einfach lieber» rausgenuschelt wird. Wenn Taylor Swift ihr Genre ändert, erntet sie dafür deutlich mehr als nur ein Schulterzucken. Als sie sich 2014 mit ihrem Album *1989* zum ersten Mal mutig und vollständig in die glitzernden Gewässer der Popmusik stürzte, schlug das damals weltweit große Wellen. Verband man mit Taylor Swift doch Countrymusik, Balladen, Banjos und Twang, auch wenn sie während der *Red*-Era schon mit Genre-erweiternden Elementen experimentiert hatte. Aber jetzt komplett Pop? Ein Risiko, das Taylor auch vor ihrem damaligen Label Big Machine Records rechtfertigen musste. Mit Erfolg. Taylor Swift bedeutete ab sofort: mitreißender Upbeat und unwiderstehliche Ohrwürmer für alle Generationen.

Den nächsten großen Genre-Shift wagte sie 2020 mit *folklore* und *evermore,* den Geschwisteralben, die weitestgehend die Genre-Stempel Alternative, Indie- und Elektro-Folk erhielten. Nicht nur wir Swifties streamten diese neue Musik rauf und runter, sondern auch Menschen, die erst beim zweiten Blick auf ihre Playlist verstanden, dass sich die Pop-Ikone Swift plötzlich auch in ihren Indie-

Shuffle geschlichen hatte. Die Veröffentlichung ihrer Re-Recordings und der Start ihrer *The Eras Tour* katapultierte schließlich Taylors gesamten musikalischen Katalog in den täglichen Soundtrack of our Lives – ob Countryballaden, Megapophits, verträumt-trauriger Indie-Folk oder atmosphärischer Elektropop. Mit sechsundzwanzig Milliarden Streams in nur einem Jahr kürte Spotify Taylor Swift zum «Top Global Artist 2023». Sie tauchte in so vielen Spotify-Jahresrückblicken auf wie nie zuvor, und spätestens da war klar: Mit mittlerweile elf Alben und über zweihundertdreißig Songs (Stand Mai 2024) bedient Taylor Swift einen sehr breiten Musikgeschmack und reicht uns damit immer genau die Hand, von der wir noch gar nicht wussten, dass wir uns nach ihr sehnen. Ich kann problemlos tagelang nur Taylor Swift hören, dabei mehrmals meine Persönlichkeit wechseln und anderen zu ihrer jeweiligen Stimmung exakt das passende Lied oder die Era empfehlen, in die sie schleunigst abtauchen sollten. In unseren Swiftie-Augen wechselt Taylor nicht das Genre, sie *ist* ein Genre. Mit jedem Album schaltet sie eine weitere Facette von sich frei, die aufregend, überraschend und faszinierend ist. Und trotzdem bleibe ich von der Tatsache nicht unberührt, dass sie, eine weibliche Künstlerin, in den vergangenen zwanzig Jahren scheinbar mehrmals das Bedürfnis verspürte, sich als Marke neu erfinden zu müssen.

In der 2020 erschienenen Netflix-Dokumentation *Miss Americana* spricht Taylor Swift offen über den Druck, der auf ihr und anderen Künstlerinnen lastet, über einen langen Zeitraum relevant zu bleiben: «Wir leben in einer Gesellschaft, in der Frauen im Showgeschäft auf einem Elefantenfriedhof begraben werden, sobald sie fünfunddreißig sind. Jeder kann für etwa zwei Jahre das tolle, neue Spielzeug sein. Die Künstlerinnen, die ich kenne, haben sich zwanzigmal häufiger neu erfunden als männliche Künstler. Sie müssen das tun. Sonst haben sie keinen Job mehr. [...] Es ist die ständige Suche nach neuen Facetten, die die Menschen aufregend finden. ‹Sei neu für uns, sei jung für uns, aber nur auf eine ungekannte Art und nur so, wie wir es wollen.›»[23] Damit spielt Taylor nicht nur auf eine scheinbar nötige musikalische Weiterentwicklung an, sondern auch auf das, woran sich die kritische Öffentlichkeit tatsächlich abarbeitet: dem Körper der Künstlerin. Der soll schlank bleiben, aber nicht zu dünn werden; er soll weiblicher werden, aber nicht zu freizügig sein. Die Frau soll erwachsen werden, aber bitte nicht alt. Die Erwartungen an Performerinnen wie Taylor Swift, deren Kunst sich vorwiegend um die eigene Person dreht, sind paradox. Auf der einen Seite steht der Wunsch nach einem eindeutig benennbaren Genre und einer Einsortierungshilfe in die passende musikalische Schublade, die bei Bedarf geöffnet und geschlossen werden kann. Dem gegenüber: der absolut unerfüllbare Anspruch, sich innerhalb der geltenden, für Frauen immer noch unfairen Bewertungskriterien einen ständigen Neuigkeitswert bewahren zu müssen, um in unserer gegenwärtigen Aufmerksamkeitsökonomie nicht unterzugehen. Wer das nicht schafft, scheitert. Und wer nicht aktiv scheitert, verschwindet, ganz langsam und leise. Wer Taylor Swift also vorwirft, dass sie mit ihrem Genre- und Era-Wechsel nur Aufmerksamkeit erzeugen will, dem möchte ich gratulieren, denn diese messerscharfe Beobachtung ist wohl korrekt.

One day I'll watch as you're leaving
And life will lose all its meaning

Taylor Swift – Anti-Hero

Auch in ihren Songs thematisiert Taylor Swift immer wieder die Angst vorm Vergessen- und Verlassenwerden, und zwar nicht von irgendwem, sondern von denen, die ihr die Welt bedeuten und gleichzeitig ihre Welt begründen: ihre Fans. Fans, die sie, den «Anti-Hero», durch jede Era getragen haben. Die von ihr keinen weiteren Genre-Wechsel erwarten, aber jedes neue Wagnis mitgehen. Wir, die niemals von einem «Imagewechsel», sondern höchstens von «Imagevergrößerung» sprechen würden – weil jede neue Facette doch nur auf beste Weise das Bild verfeinert, das wir uns von ihr machen.

In meinen Augen stellte die Veröffentlichung von *1989* die Weichen gleich auf zwei Wegen neu. Da war der laute, deutlich hörbare Wechsel ins Pop-Genre. Und einer, der sich unterhalb der fröhlich wummernden, vibrierenden Oberfläche vollzog. Es war die Entwicklung von der braven, immer lächelnden jungen ‹Dame› zur wütenden und selbstsicheren Frau. Zum ersten Mal spielte Taylor

Swift aktiv mit dem Narrativ, das die Medien für sie entworfen hatten, und antwortete mit selbstironischen, sich selbst ermächtigenden Lyrics. Meisterhaft beispielsweise in «Shake It Off» («I go on too many dates/But I can't make 'em stay/At least that's what people say») oder «Blank Space» («Got a long list of ex-lovers/They'll tell you I'm insane»). Sie verwandelte sich vor aller Augen von der verträumt dreinblickenden Frau, die auf ihren Traumprinzen wartet, in die Golfschläger schwingende Frau, deren Toleranzgrenze für Bullshit bei genau null liegt.

I was tame, I was gentle 'til the circus life
made me mean

Taylor Swift – Who's Afraid of Little Old Me?

Als sie sich 2018 zum ersten Mal in ihrer Karriere auch zur US-Politik äußerte, schien ein weiterer Bann gebrochen. Sie korrigierte damit ihr öffentliches Bild vom traditionellen Countrygirl, das sich aus den Angelegenheiten seiner Mitmenschen raushält. Ganz gleich, ob Taylor aus grundehrlichen oder marketingstrategischen Beweggründen heraus agierte: Sie galt von nun an als politisch engagierter oder mindestens: politisch klar positionierter Popstar. Dieser Schritt passte zum Vibe der *reputation*-Era, in der sie sich lauthals gegen alles aussprach, was ihr zuwider war. In öffentlichen Auftritten reagierte sie nun anders auf sexistische Kommentare oder Witze, sie wechselte also nicht nur das Genre, sondern vor allem ihre eigene Haltung, die sie auch in den folgenden Jahren nicht mehr ablegte. Denn während der Sprung zwischen Genres immer wieder neu möglich ist, ist das Erkennen, Bewusstwerden, Leben der eigenen feministischen Einstellung eine unwiderrufliche. Es ist wie zählen lernen: Es ist unmöglich, es nicht zu tun, sobald man es einmal kann.

Aus der durchaus problematischen Notwendigkeit, sich als Frau im Showbiz neu erfinden zu müssen, hat Taylor Swift eine Challenge gemacht, an der sie selbst am meisten Spaß zu haben scheint. Man könnte also sagen: Sie bricht nicht aus dem Spiel von spätkapitalistischen und sexistischen Strukturen aus. Aber sie hat die Spielregeln zu ihren eigenen gemacht. Laut lachend.

4. RE-RECORDING

Über finanzielle und künstlerische Selbstermächtigung *(Taylor's Version)*

And when you can't sleep at night
you hear my stolen lullabies

Taylor Swift – my tears ricochet

Wer sich, vielleicht zum ersten Mal, mit dem musikalischen Katalog von Taylor Swift beschäftigt, stolpert schnell über den Zusatz: *(Taylor's Version)*. Eine Klammer mit einem dezenten Hinweis, der sich fast liest wie ein hinterhergeschobenes Flüstern, wie ein Einschub hinter vorgehaltener Hand. Und dabei steht *(Taylor's Version)* in Wirklichkeit für einen der lautesten Selbstermächtigungs-Moves der Musikindustrie. Eine kurze Zeitreise:

2005. Ihren ersten Plattenvertrag unterschreibt Taylor Swift mit fünfzehn Jahren, als Scott Borchetta sie entdeckt und für sein neu gegründetes Label Big Machine Records verpflichtet. Damit überträgt sie ihm auch die Eigentumsrechte an den Originalaufnahmen ihrer noch folgenden Alben, den sogenannten «Masters».

2019. Taylor wechselt von Big Machine Records zu Republic Records. Etwa zur gleichen Zeit entscheidet sich ihr ehemaliger Mentor Borchetta, die Masters ihrer ersten sechs Alben zu verkaufen. Leider nicht an Taylor selbst, sondern ausgerechnet an Scooter Braun, Unternehmer und zum damaligen Zeitpunkt Manager u. a. von Justin Bieber und Kanye West. Zwei der Künstler, die Taylor Swift mehr als nur einmal öffentlich diffamiert haben. Sie selbst erfährt von diesem Deal über die Medien.

2020. Für rund dreihundert Millionen Dollar verkauft Scooter Braun die Eigentumsrechte weiter an die Investitionsgemeinschaft Shamrock Holdings, obwohl Taylor erneut Interesse an ihnen bekundet hat. Weil die Rechte an den Lyrics und der Komposition weiterhin bei ihr liegen, kündigt sie an, ihre Alben neu aufzunehmen. Den Tipp dazu erhält sie von ihrer befreundeten Sängerin Kelly Clarkson. Die Era der Re-Recordings beginnt.

2021. *Fearless (Taylor's Version)* erscheint genau **13** Jahre nach seiner Erstveröffentlichung (iconic?) und erzielt allein am ersten Tag fünfzig Millionen Streams auf Spotify und steigt ein auf Platz eins der Billboard-200-Charts. Taylor wird zur ersten Künstlerin mit drei Nummer-1-Alben innerhalb nur eines Jahres. Im November folgt *Red (Taylor's Version)* als viertes Nummer-1-Album, mit dem sie nicht nur ihre bisherigen Streaming- und Verkaufsrekorde bricht, sondern mit der zehnminütigen Version von «All Too Well» auch den Rekord für den längsten Nummer-1-Hit in der Geschichte der US-Charts. Diesen Thron besetzte davor neunundvierzig Jahre lang «American Pie» von Don McLean. (Sorry, Don.) Der dazugehörige Kurzfilm, dessen Buch und Regie von Taylor herself stammen, wird auf Filmfestivals gefeiert und gewinnt

u. a. drei MTV Video Music Awards und den Grammy für «Best Music Video».

2023. Während ihrer *The Eras Tour* kündigt Taylor überraschend *Speak Now (Taylor's Version)* an, das im Juli erscheint und am ersten Tag über hundertsechsundzwanzig Millionen Mal gestreamt wird. Diesen Rekord bricht sie im Oktober direkt selbst mit *1989 (Taylor's Version)* – mit geschätzten hundertsechsundsiebzig Millionen Streams. Ihr viertes neu eingespieltes Album wird auch monetär zu ihrem erfolgreichsten, denn es verkauft sich in der ersten Woche anderthalb Millionen Mal und wird ihr **13.** (!) Nummer-1-Album in den US-amerikanischen Charts.

Ich könnte hier jetzt noch seitenweise Rekorde aufführen und beeindruckende, übergroße Zahlen raushauen, die sich am Ende eh niemand merken kann und die vor allem auf eine Botschaft hinauslaufen: *(Taylor's Version)* ist ein unübersehbarer erhobener Mittelfinger in Richtung Scooter Braun und Scott Borchetta – und gleichzeitig der liebevollste Handkuss in Richtung Swifties, wie wir ihn uns in unseren wildesten Träumen nicht hätten vorstellen können. Ich bin mit meinem Freund in Paris, wir fahren Metro, als die ersten Töne von *1989 (Taylor's Version)* durch meine Kopfhörer mitten in mein Herz ballern. Es ist ein einmaliges inneres Ereignis. Ich bin vierunddreißig Jahre alt und gleichzeitig noch einmal Mitte zwanzig, ich verliebe mich knallhart neu in den Soundtrack meines Lebens. Eine berechtigte Frage, die sich jetzt vielleicht für Nicht-Swifties stellt: Was ist denn anders an den neuen Versionen? Die Antwort ist simpel: alles und nichts. «It's the same but different!»,[24] stellten die YouTuberinnen Emily und Bonny von *chats & reacts* in ihrem Reaction-Video zu *Fearless (Taylor's Version)* irritiert und fasziniert fest. Denn auf jedem neu aufgenommenen Album befinden sich die bereits bekannten Songs in unveränderter Reihenfolge, eben genau so, wie wir sie jahrelang jeden Tag gehört haben. Doch die Produktion klingt reichhaltiger und voller, Taylors Stimme fester und klarer. Es sind Songs, geschrieben von einer Frau in verschiedenen Stadien ihres Lebens – gesungen von der erwachsenen, erfahreneren Version ihrer selbst. Und weil wir sowohl Teenager-Taylor als auch Mother-Swift kennen, hören wir in den Neueinspielungen jedes noch so feine Detail. Von der Betonung einzelner Wörter oder dem Kichern zwischen zwei Strophen über den Einsatz anderer Instrumente bis zu minimalen Textanpassungen. In «Better Than Revenge (Taylor's Version)» ist die Antagonistin des lyrischen Ichs nicht länger für das bekannt, was sie im Bett kann, stattdessen heißt es: «He was a moth to the flame/she was holding the matches.» Auch das bedeutet die Freiheit, die eigenen Songs neu aufnehmen zu können: Taylor Swift entschied sich, die antifeministischen Impulse ihres neunzehnjährigen Ichs nicht zu reproduzieren, sondern sie mit einem deutlich reiferen Gedanken zu ersetzen. Ein klarer Schachzug gegen das, was sie selbst so oft schmerzlich erfahren musste: Slut-Shaming.

Und dann sind da noch die sogenannten «From the

Vault»-Tracks: aus dem gedanklichen Tresor befreite Songwriting-Juwelen, die Taylor zwar damals für die jeweiligen Alben schrieb, aber vor der Veröffentlichung noch aussortieren musste. Aber in dieser neuen Welt, in *(Taylor's Version)*, ist alles möglich, sie allein verfügt nun über ihr Lebenswerk, das ihr zuvor von einer Riege von Männern beinahe gänzlich genommen wurde. Sie schenkt uns also diese (neuen) Songs, auf die sie so stolz ist, und kollaboriert mit namhaften Künstler:innen wie Keith Urban, Hayley Williams oder der Band Fall Out Boy. Sie produziert Musikvideos, gespickt mit Easter Eggs, die nur Swifties verstehen, veröffentlicht, wann und wie sie es will, und markiert ihre Kunst selbstbewusst mit dem Hinweis *(Taylor's Version)*.

He's got my past frozen behind glass
But I've got me

Taylor Swift – it's time to go

Wenn es einen Song gibt, der die emotionale Bedeutung der Re-Recordings perfekt abbildet, sowohl für Taylor als auch für uns Swifties, dann ist das «All Too Well (10 Minute Version) (Taylor's Version) (From The Vault)». Ich nenne dieses Sinnbild für absolute Storytelling-Perfektion der Einfachheit halber im Folgenden prägnant und verständlich: «ATWTMVTVFTV». In seiner ursprünglich veröffentlichten Version war «All Too Well» fünf Minuten und neunundzwanzig Sekunden lang und nie eine Single-Auskopplung, aber Taylors persönlicher Lieblingssong ihres Albums *Red*. Darin verarbeitet sie eine Trennung von der Sorte «Ich-liege-wochenlang-heulend-auf-dem-Boden-und-vergesse-mich-selbst-bis-du-mich-plötzlich-wieder-anrufst-und-mein-Herz-erneut-in-tausend-Teile-zerspringt». Und weil wir Fans dieses Gefühl oder mindestens eine:n Freund:in kennen, die sich schon einmal durch so eine Hölle schleifen musste, entwickelte sich «All Too Well» schnell auch zu unserem Liebling. Während Taylor mit Tränen am Klavier saß, schrien wir ihr ihre eigenen Worte entgegen, durchlebten dieses Lied, diese Erinnerung mit ihr, stützten sie und uns auf dem Weg durch den Liebeskummer. Aus einer Story zwischen *ihr und ihm* wurde eine zwischen *uns*. Und als wir erfuhren, dass die ursprüngliche Fassung dieser in Melodie gegossenen Katharsis zehn Minuten lang war – ihr könnt es euch denken. Mit der Veröffentlichung von *Red (Taylor's Version)* gab sie uns die vollen zehn Minuten und dreizehn Sekunden «ATWTMVTVFTV». Der ultimative Heartbreak-Song, der so ziemlich alle emotionalen Phasen abbildet, die so ein Erlebnis mit sich bringt. Geschrieben von einer Einundzwanzigjährigen, die fast an einer Trennung zerbrochen wäre; gesungen von einer Frau, die stattdessen gestärkt dem Schmerz entwachsen ist. Wir hören heute, wie in «ATWTMVTVFTV» die Backvocals einsetzen, wie der Chor Taylor durch die intensivste Passage trägt und sie mit «I was there, I was there, it was rare» durch das Outro begleitet. Und wir sehen uns, wie wir ihr, einer Freundin, die Hände entgegenhalten, um sie aufzufangen und gemeinsam wieder aufzurichten. «ATWTMVTVFTV» ist auch ein Song über Selbstermächtigung und über die Kraft, die es braucht, die eigene Geschichte für sich neu zu schreiben. Dass es Zeit und Freundschaften bedarf, um aus einer schmerzvollen Erfahrung eine zu machen, die wir später nicht mehr missen wollen. Die zur wertvollen, schönsten Erinnerung wird, weil wir sie irgendwann nicht mehr mit einer verloren geglaubten Liebe, sondern mit neu gefundener Verbundenheit assoziieren. Und jedes Mal, wenn ihr ein Lied hört, hinter dem *(Taylor's Version)* steht, legt auch ihr eure Hand kurz dazu, mit uns gemeinsam, auf Taylors Schulter. *(Taylor's Version)* ist also nicht bloß eine nachgerückte Klammer, sondern eine Betonung, die die Bedeutung des Davorstehenden komplett verändert. In dieser kleinen Klammer stecken Emanzipation und Unabhängigkeit, finanzielle Kontrolle und Profit. Sie steht für den Blick zurück und für den nach vorne, für Stolz und Zeit, für Wachstumsschmerzen, für ein größeres Ich. Darin steckt Liebe.

Taylor Swift ist jetzt wieder die rechtmäßige Eigentümerin ihrer Arbeit, ihrer Songs über ihr eigenes Leben, ihr wortwörtliches Lebenswerk. Zum aktuellen Zeitpunkt fehlen noch zwei Alben in der Reihe der Re-Recordings: das Debüt *Taylor Swift* und *reputation*. Und ich sag's, wie's ist: Ich bin so was von «ready for it».

Ich kann diesen Text über Taylors Zurückeroberungen nicht enden lassen, ohne meinen Vater zu erwähnen. Er ist meine Kelly Clarkson, wenn es um wertvolle Business-Tipps geht. Bevor ich mich selbstständig gemacht habe, arbeitete ich einige Jahre als Texterin in diversen Werbeagenturen. Immer waren meine Vorgesetzten Männer, für die ich in zu vielen Überstunden kreative Kampagnen entwickelte, hinter die sie am Ende ihre Namen setzen konnten. Weil das Teil des Business war (und ist), mit deiner Unterschrift im Vertrag gibst du die Rechte an deiner eigenen Arbeit, deinen Ideen ab. Ich war sehr lange sehr wütend, bis mein Papa irgendwann sagte: «Kind, solange es nicht deine Firma ist, wird sich nix ändern.» Heute, einige private und berufliche Trennungen, Neuanfänge und ermutigende Schulterdrücker später, schreibe ich diesen Text für ein Buch, auf dem mein Name stehen wird. *(Anne's Version).*

Hell was the journey but it brought me heaven

Taylor Swift – invisible string

5. SONGWRITING

Über das, was Taylor Swift einmalig macht

But if the story's over
Why am I still writing pages?

Taylor Swift – Death By A Thousand Cuts

Bei der Recherche für dieses Kapitel schlägt mir Google folgende Suchanfrage vor: «Are there any Taylor Swift songs that aren't about love?» Ich muss gleichzeitig schmunzeln und die Augen verdrehen bei der Vorstellung, wie Menschen, vielleicht neugierig, wahrscheinlich genervt und ganz bestimmt ungläubig, das Internet befragen, ob denn «diese Frau» auch noch andere Themen kennt neben der elendigen Gefühlsduselei namens Liebe. Neben der Behauptung, Taylor Swift schreibe ihre Songs «doch niemals selbst», ist das wahrscheinlich das zweitgrößte Vorurteil, das sie seit Beginn ihrer Karriere verfolgt. Mit vierzehn unterzeichnete sie als bis dahin jüngste Künstlerin im Unternehmen ihren ersten Songwriting-Vertrag mit Sony/ATV Music Publishing. Zwanzig Jahre später hat Taylor Swift mit ihrer Songwriting-Kunst offiziell ihre *academic era* erreicht. Denn nicht nur verlieh ihr die New York University 2022 einen Ehrendoktortitel der bildenden Künste, auch belegt ihre Lyrik mittlerweile Ehrenplätze in den Stundenplänen mehrerer Unis und Colleges: an der Queen Mary University of London, in Stanford und Harvard sowie auch hier in Europa, etwa im belgischen Gent. Eine Entwicklung, die wir Swifties voller Stolz beobachten, studieren wir ihre Lyrics ja schließlich schon seit Jahren.

Sobald ich gefragt werde, was mich an Taylor Swifts Musik so begeistert, öffnet sich in meinem Kopf eine Tür zu einem ganz besonderen Ort: zum riesigen Archiv, das gefüllt ist mit Songtexten, Analysen und Interpretationen, akribisch kategorisiert nach Themen und Emotionen, einsortiert in Register, die ich je nach Bedarf herausziehen kann. Ist dieses Portal einmal geöffnet, verwandele ich mich in einen Swift-Algorithmus, der passend zur gewünschten Stimmung Songs empfiehlt. «Du hast gerade XY erlebt und weißt nicht, wie du dich fühlen sollst? Probier mal diesen Track!» Die Pflege dieses Archivs besteht aus der kollektiven Arbeit aller Swifties, die Stunden über Stunden in Videos, Beiträge und Memes investieren, um der lyrischen Qualität von Taylor Swift die Aufmerksamkeit zu verschaffen, die sie verdient. Und jedes Mal, wenn ein Nicht-Swiftie ein Reaction-Video hochlädt und sich Hals über Kopf in die «überraschend tiefgründigen» Texte von Taylor Swift verliebt, klopft sich irgendwo ein Swiftie heimlich auf die Schulter und denkt: Nice, wieder eine:n bekehrt.

Die öffentliche Wahrnehmung hat sich also verändert, und Taylor Swift gilt jetzt auch in akademischen Kreisen als relevante Geschichtenerzählerin. Ich freue mich. Gleichzeitig frage ich mich, wie viel eine Frau schreiben muss, um ernst genommen zu werden? Im April 2024 veröffentlichte Taylor ein Doppelalbum mit insgesamt einunddreißig Songs, *The Tortured Poets Department: The Anthology*. Alle Lieder davon hat sie entweder selbst oder in Zusammenarbeit geschrieben, so wie die über zweihundert anderen auf ihren vorherigen zehn Alben. Laut einer allgemeinen Pressemeldung der dpa, die von einigen Feuilletons unbearbeitet übernommen wurde, sei damit endlich der «Grundstein für die Karriere einer großen Erzählerin» gelegt.[25]

Taylor Swifts Songwriting ist das unverkennbare Herzstück ihres Schaffens, Storytelling der rote Faden, mit dem sie ihre Konzeptkunst webt. Als sie 2022 mit dem Nashville Songwriter-Artist of the Decade Award ausgezeichnet wurde, verriet sie ihre drei persönlichen Genres, in die sie ihre Songs gedanklich einsortiert, basierend auf dem Schreibutensil, das am besten zum jeweiligen Song passe: *Quill*, *Fountain Pen* und *Glitter Gel Pen*. Wenn Taylor Swift Lyrics mit einem imaginären Glitzergelstift schreibt, dann entstehen dabei Songs wie «Shake It Off», «Karma» oder «ME! (feat. Brendon Urie of Panic! At The Disco)». Songs, die sich anhören wie die Unterhaltungen auf der Clubtoilette, wenn sich angetrunkene Frauen gegenseitig versichern, wie toll sie sind. Lieder, die wir alle ab und an einfach gut gebrauchen können. In das Füller-Genre fallen die Lyrics, die besonders bildreich sind und uns Zuhörende ins pulsierende Zentrum des Geschehens katapultieren – dorthin, wo *es* passiert, ob Herzschmerz, pure Freude oder Verlust. Hervorragende Beispiele dafür: «All Too Well», «You Are In Love», «Maroon» oder «The Black Dog». Wenn ihre Texte hingegen «wie ein Brief klingen, den Emily Dickinsons Urgroßmutter beim Nähen einer Spitzengardine geschrieben hat»,[26] dann handelt es sich um einen der sogenannten *Quill Lyrics*, also vermeintlich geschrieben mit Feder und Tinte. Mit diesem Bild im Kopf klingen die Songs «evermore (feat. Bon Iver)» und «Snow On The Beach (feat. Lana Del Rey)» gleich noch lyrischer. Das Talent für Poesie wurde Taylor Swift offenbar in die Wiege gelegt, laut einer amerikanischen Genealogieseite ist sie sogar eine entfernte Cousine der erwähnten Dickinson.[27] Doch anders als ihre Vorfahrin tippt Taylor, ganz die zeitgenössische Poetin, die sie ist, ihre Texte auf dem Smartphone, wo sie ihre Ideen, Verse und Voicememos sammelt.

Dass das Kapitel über Taylors Songwriting an fünfter Stelle im Buch steht, ist übrigens kein Zufall. Denn im Laufe der Jahre haben wir Swifties etwas festgestellt, das am Anfang nicht mal Mastermind Taylor selbst aufgefallen ist: Der fünfte Song des Albums ist immer der, der noch einen Ticken tiefer unter die Haut geht. *Track five* ist unser Code für «Text, in dem sich Taytay besonders ehrlich, emotional und verletzlich zeigt». Kündigt sie ein neues Album an, huscht unser Blick sofort zu der Nummer fünf, es ist unsere Art zu fragen: Und, wie geht's dir wirklich? So wie diese Frage meist nur Menschen stellen, die dich gut kennen, verstehen auch nur diejenigen, die der Karriere und dem Leben von Taylor schon etwas länger folgen, diese Texte auch immer ein bisschen besser. Es ist also nur verständlich, dass wir völlig angemessen ausgerastet sind, als die Tracklist zu *The Tortured Poets Department* (*TTPD*) veröffentlicht wurde und uns «So Long, London» auf Platz fünf entgegenblickte. Eine für uns unmissverständliche Referenz auf ihren britischen Ex-Freund Joe Alwyn und damit ein Abschiedsbrief an ihren «London Boy», die Muse für ihr *Lover*-Album. Ähnlich wichtig wie der fünfte Song ist auch der jeweils letzte eines Albums. So lässt sich z. B. «Dear Reader» am Ende von *Midnights* beinahe wie ein Cliffhanger für das Nachfolgealbum *TTPD* verstehen. Ein Album, dessen erweiterte Edition wiederum abschließt mit «The Manuscript». Seit ich die musikalische Fortsetzung von *Midnights* kenne, hat die Zeile «Never take advice from someone who's falling apart» aus dem Track «Dear Reader» eine besondere Bedeutung für mich. Es ist die Bitte einer Person, die sich zwischen zwei einschneidenden emotionalen Phasen ihres Lebens befindet. In einer Zeit der Ungewissheit, in der eine Beziehung zwar bereits vorbei, aber noch nicht beendet ist. Mit *TTPD* schließt sie daran an und findet mit selbstreflektierenden Texten Worte für eine Trennung, die sie zwar noch nicht versteht, aber akzeptiert. Sie schließt ab, etwa mit dieser Zeile aus «So Long, London»: «Had a good run / A moment of warm sun / But I'm not the one». Oder zu guter Letzt in «The Manuscript»: «And at last / She knew what the agony had been for.»

Mein sehr persönliches *Track-five*-Ranking aller Alben:

11. «Cold As You»
10. «Dear John»
9. «White Horse»
8. «my tears ricochet»
7. «All Too Well»
6. «Delicate»
5. «All You Had To Do Was Stay»
4. «tolerate it»
3. «So Long, London»
2. «The Archer»
1. «You're On Your Own, Kid»

Die lobende Erwähnung geht zudem an «How Did It End?», da es streng genommen der *Track five* der Erweiterung von *The Tortured Poets Department: The Anthology* und wirklich auch sehr, sehr gut ist.

Reihenfolge und Binnenreferenzen sind nur zwei der Elemente, die Taylor in ihrem Songwriting- und Storytelling-Handwerk perfektioniert hat. Von Album zu Album spinnt sie feine Fäden und beantwortet Fragen, die sie Jahre zuvor aufgeworfen hat. Die Verbindung zwischen «Red» und «Daylight» wäre ein Beispiel dafür, im letztgenannten Song heißt es: «I once believed love would be burning red/But it's golden». An dieser Stelle des Textes stehe ich in meinem imaginären Archiv vor dem Fach mit der Aufschrift: «Gebrauch und Bedeutung von Farben in Taylor-Swift-Songs». Ich lasse es verschlossen, passiere auch das kleinere daneben, «Die Verwendung von GOLD/GOLDEN in Verbindung mit Liebe/J. A.», und werfe stattdessen einen kurzen Blick in die Schublade mit dem Label «Metaphern & Mythologie». Von Gedankenspiralen aus Zweifeln und Reue in «coney island (feat. The National)», die an die zu endlosen Torturen verdonnerten Sündiger in der griechischen Unterwelt erinnern, bis zur subtilen Referenz auf Sisyphos und seine schier unmögliche Aufgabe, eine schwere Last den Berg hinaufzubefördern in «this is me trying».[28] Ich werde das Gefühl nicht los, dass Taytays Herz für tragische Held:innengeschichten schlägt. In der Ballade «champagne problems» beschreibt das Ich «your Midas touch on the Chevy door», was die in Mythologie geschulten Hörer:innen mit dem gierigen König Midas und seiner alles in Gold verwandelnden Berührung in Verbindung bringen. Im gleichen Song nutzt Taylor die Metapher «She'll patch up your tapestry that I shred»: der Wunsch einer Frau, die den Heiratsantrag ihres Freundes ablehnt und ihm für die Zukunft eine Partnerin wünscht, die besser zu ihm passt – die also den Wandteppich flickt, den sie zuvor zerstört hat. Möglicherweise ein direkter Bezug auf Penelope, die Frau von Odysseus, auf dessen Rückkehr aus Troja sie vergeblich wartet. Sie lässt sich auf den Deal mit ihrem drängenden Vater ein, neu verheiratet zu werden. Ihre Bedingung: zuerst die Arbeit an einem Wandteppich zu beenden. Doch während sie tagsüber eifrig webt, löst sie nachts die Fäden, zerstört den Teppich, der so niemals fertig wird. Ein bewusstes Hinhalten also trotz einer zuvor getroffenen Abmachung – und damit auch eine Parallele zu Taylors lyrischem Ich, das nach langem innerem Ringen nicht bereit ist, ihren Liebhaber zu heiraten. Auch mit ihrem Song «Cassandra» greift Taylor auf eine Figur der Mythologie zurück. Cassandra besitzt die Gabe, die Zukunft vorherzusagen, doch der Fluch des zornigen Apollon verhindert, dass ihr geglaubt wird. Stattdessen wird sie für verrückt erklärt; ein Zustand, den Taylor nur zu gut kennt und mit den Worten «they filled my cell with snakes, I regret to say/Do you believe me now?» besingt.

Eine hilfreiche Liste, um sich ganz gepflegt das Selbstvertrauen stärken zu lassen:

«You Need To Calm Down»
«I Did Something Bad»
«Blank Space»
«I Can See You (Taylor's Version) (From The Vault)»
«imgonnagetyouback»
«New Romantics»
«This Is Why We Can't Have Nice Things»
«Bejeweled»
«I Can Do It With a Broken Heart»
«We Are Never Ever Getting Back Together»
«Bad Blood (feat. Kendrick Lamar)»
«Look What You Made Me Do»
«Karma»

Auch der Perspektivwechsel zählt zu Taylors Werkzeugen, um sich vor allem mit dem Ende eines Songs noch einmal so richtig heftig ins Herz der Zuhörer:innen zu schrauben. In «the last great american dynasty» beschreibt sie das Leben der Rebekah Harkness, «the most shameless woman this town has ever seen», die in einem Haus auf Rhode Island wilde Partys feierte, nur um uns mit der Bridge des Songs plötzlich an einem anderen Ort abzusetzen. Denn da überrascht Taylor mit «and then it was bought by me», die Erzählung wechselt von der dritten in die Ich-Perspektive, sie selbst wird zur «loudest woman this town has ever seen». Ein vielleicht simpler Kniff, der im sorgfältig konstruierten Storytelling von Taylor Swift jedoch immer wieder seine volle Wirkung entfaltet. Sehr wunderbar auch in «The Albatross», «Clara Bow» oder «Peter», drei Lieder vom jüngsten Album *The Tortured Poets Department: The Anthology*. In «Peter» erzählt Taylor die Story von Peter Pan, allerdings aus der Sicht von Wendy. Am Ende sitzt kein kleines Mädchen, sondern eine erwachsene Frau am Fenster und löscht nach Jahren des Wartens endlich ihr Licht.

Ich mache kurz Pause in der Raummitte meines Archivs und stütze mich ab auf einem Schrank namens «The Bridges of Taylor Swift». Von allen Funfacts über ihr Songwriting gehört Taylors Talent für den monumentalen Brückenbau innerhalb ihrer Songs zum elementaren Grundwissen im Swiftie-Kosmos. Eine Bridge verbindet, einfach ausgedrückt, einen Teil eines Liedes mit dem anderen. Taylor nutzt diese musikalische Passage besonders gerne, um uns in unerwartet neue Richtungen zu führen. Hier wird sie oft noch einmal extra emotional, verrät wichtige Story-Details und addiert textliche und musikalische Tiefe und Komplexität. Während ihrer *The Eras Tour* entwickelte sich die Bridge zu «Cruel Summer» zum Highlight und musste zur Vorbereitung aufs Konzert in Tausenden von Haushalten auswendig gelernt werden. Auf die Bridges von Taylor Swift ist immer Verlass, sie sind legendär und extrem stabil. Sie spielen gekonnt mit Repetitionen, Atemlosigkeit und einer alles zuschnürenden Angst oder enden mal bewusst so abrupt wie eine darin beschriebene Affäre. Wie sich das anhören und anfühlen kann, lässt sich vielleicht mit der nächsten Liste herausfinden.

Meine unvollständige Sammlung der Bridges, die mich durchs Leben tragen:

«Out Of the Woods»
«Getaway Car»
«Death By A Thousand Cuts»
«august»
«Cruel Summer»
«All Too Well»
«champagne problems»
«'tis the damn season»
«Dress»
«ivy»
«illicit affairs»

«Is It Over Now? (Taylor's Version) (From the Vault)»
«The Smallest Man Who Ever Lived»

Erst vor wenigen Tagen, am 19. April 2024, wurde mein Songarchiv erweitert um einen Extraraum. Dessen Wände bestehen komplett aus deckenhohen Schubladenschränken, die ich seitdem beinahe täglich wie wild aufreiße und zärtlich wieder schließe. Sie gehören zum *The Tortured Poets Department* (*TTPD*), das sich in seiner vollständigen Analyse jedoch noch im Aufbau befindet. Auch wenn sich enorm eifrige Swifties unmittelbar nach Erscheinen des Albums durch die Lyrics aller einunddreißig neuen Songs gewühlt haben, um die wahren Trüffel in der lyrischen Timeline von Taylor Swift ausfindig zu machen, wird es wahrscheinlich noch etwa **13** Jahre dauern, bis *TTPD* vollständig decodiert und kategorisiert ist. Es ist ein Album der Widersprüche, Taylor zeige sich «völlig in Ordnung und völlig zerstört. Sie ist frei, aber gefangen. Dominant und machtlos», hält der New Yorker zu *TTPD* fest. Und, eine Erkenntnis, die schon jetzt die Atmosphäre in diesem Extraraum voller neuer lyrischer Schätze bestimmt: «Diese Art von Widersprüchen kann schwindelerregend sein, aber am Ende sind sie auch das, was sie [Taylor] überhaupt noch menschlich macht.»[29]

Eine Beobachtung, bei der mein eigentlich sehr glückliches Herz schon beim ersten Mal Hören kurz explodiert ist, will ich hier aber doch noch erwähnen. In «You're Losing Me (From The Vault)», einem Bonustrack zu *Midnights*, singt Taylor: «I can't find a pulse / My heart won't start anymore for you», und weiter: «My face was gray, but you wouldn't admit that we were sick». Zu Ende bringt sie es ein Album später in «So Long, London» mit den Lyrics: «I stopped CPR, after all it's no use». Und die Tränen fließen plötzlich ganz von selbst, wenn es weiter heißt: «I died on the altar waiting for the proof/You sacrificed us to the gods of your bluest days/And I'm just getting color back into my face/I'm just mad as hell cause I loved this place for so long, London». Das Gesangsintro des Songs mimt im Übrigen den Klang von Hochzeitsglocken nach, und, kleiner Mastermind-Funfact, «The Alchemy», offenbar ihrem neuen Partner gewidmet und ebenfalls auf dem neuen Doppelalbum zu finden, hat mit einhundert Schlägen pro Minute das perfekte Tempo für eine Hand-zu-Brust-Wiederbelebung. Oh, Taylor.

Meine persönliche Auswahl an Liedern, zu denen es sich sehr gut weinen lässt:

«The Archer»
«this is me trying»
«Would've, Could've, Should've»
«marjorie»
«Bigger Than The Whole Sky»
«epiphany»
«loml»
«How Did It End?»
«All Too Well (10 Minute Version) (Taylor's Version) (From The Vault)»
«The Prophecy»

«Clean»
«You're On Your Own, Kid»
«Long Live»

Vielleicht klickt nicht jeder Song auf gleiche Weise, eventuell bekommt er erst Jahre später den Raum im Kopf, im Herz, den er verdient. Ich glaube, es gibt ganz sicher den richtigen Moment für die Texte von Taylor Swift. Die Frage nach einem Lieblingslied kann ich niemals sinnvoll beantworten, höchstens die Frage: «In welche Lyrics verliebst du dich gerade – neu?» Eine mögliche Antwort bietet die letzte Liste dieses Kapitels.

Meine ganz bestimmt vorläufige Top 13 zu *The Tortured Poets Department: The Anthology*:

13. «Florida!!! (feat. Florence + The Machine)»
12. «The Bolter»
11. «Peter»
10. «I Look in People's Windows»
9. «But Daddy I Love Him»
8. «So High School»
7. «I Hate It Here»
6. «Guilty as Sin?»
5. «The Prophecy»
4. «How Did It End?»
3. «Who's Afraid of Little Old Me?»
2. «So Long, London»
1. «My Boy Only Breaks His Favorite Toys»

6. MISOGYNIE

Über Männerbremsen und das Bedürfnis, weiblichen Erfolg ununterbrochen infrage zu stellen

When everyone believes ya, what's that like?

Taylor Swift – The Man

Ich versuche mich an den Moment zu erinnern, seit dem mir die Meinung von Männern gleichgültiger geworden ist. Ich frage mich, wann genau es passiert ist, dass ich weniger darauf achte, wie ich auf sie wirke, wenn sie mir in Meetings gegenübersitzen. Wenn ich mir Bühnen und Podien mit ihnen teile oder mir ihre frauenfeindlichen Kritiken und Kommentare in den sozialen Medien durchlesen muss. Ich überlege, wann der Schalter umgelegt wurde, ein für alle Mal, wann der Draht zu meinen Mundwinkeln durchgebrannt ist, der sie mit jedem «Lach doch mal!» zum Zucken brachte. Neben mir liegt mein aufgeschlagenes Notizbuch, ich schreibe:

Blöde Situationen mit Männern, die ich erst rückblickend als richtig blöd empfunden habe

Etwas stört mich an der Überschrift, waren es ja meistens keine «blöden» Situationen, sondern einfach nur: Situationen. Zunächst. Alltägliche Begegnungen, Gespräche bei der Arbeit, Unterhaltungen mit denjenigen, die heute aus gutem Grund Ex-Freunde sind. Ich korrigiere:

Situationen mit Männern, die ich erst Jahre später
als wegweisend verstanden habe

Ich denke an einen Vorgesetzten in der Agentur, der mich mitten in einem herausfordernden Pitch aus der Konzentration riss mit dem Satz: «Ich mache mir Sorgen um dich, du sahst früher viel fröhlicher aus.»

Ich denke an einen Ex-Freund, der mir kurz vor dem Abitur riet, mich lieber nicht für Kommunikationsdesign an der Hochschule zu bewerben. Mir fehle einfach das nötige Talent.

Ich denke an einen weiteren Ex-Freund, der es nur gut meinte, als er mir den liebevollen Satz «Ich wünschte, du wirst nicht genommen» vor die Füße knallte. Ich war vierundzwanzig und hatte mich gerade dazu entschieden, einen neuen Weg einzuschlagen, und mich an einer Texter:innen-Schule in Hamburg beworben.

Ich denke an eine Situation im Büro, in der das eingesandte Portfolio einer Bewerberin betrachtet wurde. Ich erinnere mich, wie ihre Bisexualität als Einstellungskriterium, als Punkt gegen sie bewertet wurde. Ich weiß noch sehr genau, wie ich sie vor meinen Chefs verteidigte, ihre Arbeitsmoral und ihr Talent in den Vordergrund rückte und wie mich einer der beiden dann sehr aufgebracht fragte: «Bist du etwa Feministin?!»

Ich denke an diesen einen Jungen auf einem Kindergeburtstag, der mein siebenjähriges Ich im Prinzessinnen-Kostüm auslachte. Damals trug ich meine Haare ganz kurz und jeden Tag nur Hosen. Es hatte mich allen Mut gekostet, dieses pinkfarbene Kleid anzuziehen, die kleine goldene Krone auf den Kopf zu setzen.

Ich denke an eine Begegnung in der Buchhandlung, in der ein Kunde auf meinen männlichen Kollegen deutete und mich dabei fragte: «Beraten Sie auch, oder soll ich besser ihn fragen?»

Ich denke an versprochene Gehaltserhöhungen in Personalgesprächen. An den Moment, in dem mich mein Vorgesetzter in sein Büro bat und mich genervt in meine Schranken wies: «Wir haben das Gefühl, jetzt wirst du gierig.» Ich hatte nach vier Wochen Verzögerung freundlich nachgehakt, wie es mit meiner Beförderung aussehe. Schließlich war ich doch ihr «bestes Pferd im Stall»?

Und ich denke an die Männer in der Literaturbranche, die mich belächeln, mir Awards absprechen und mich selbstgefällig grinsend in eingerostete, quietschende Schubladen stecken. Die mich als «junge Frau» bezeichnen ohne die nötige Lebens- und dementsprechend Leseerfahrung, die es angeblich braucht, um angemessen über Literatur sprechen zu können, zu *dürfen*. Während ich neben ihnen sitze. Ich bin vierunddreißig Jahre alt und lese bis zu einhundert Bücher pro Jahr.

Diese Liste muss hier unvollständig bleiben, denn dieser Essay hat eine beschränkte Seitenzahl, und es soll schließlich nicht nur um mich, sondern vor allem um Taylor Swift gehen. Also beginne ich eine neue Liste:

Einige der Sätze, die ich andere schon über Taylor Swift habe sagen hören:

«Taylor Swift ist überbewertet.»

«Die schreibt ihre Songs doch nicht selbst.»

«Es gibt viele nervige Frauen, und ich finde, Taylor Swift ist sehr nervig.»

«Sie ist zu gut. Zu dünn, zu perfekt, das stört mich.»

«Ihr Männerverschleiß ist enorm.»

«Sie könnte sich selbst nicht noch mehr wichtigmachen.»

Weibliche Kritikerinnen stehen ihren männlichen Kollegen übrigens in nichts nach, wenn es um misogyne Kommentare zu Taylor Swift geht, die Hälfte der genannten Zitate stammt von Frauen.[30] Ich sammle weiter:

«Ich werde nicht der Freund von Taylor Swift sein. Das ist ein Männerding. Das wäre einfach eine entmännlichende, entmannende Sache.»[31]

«Taylor Swift ruiniert Football.»[32]

«I made that bitch famous.»

Die letzte Aussage wurde viel und oft zitiert und ist in einem Kanye-West-Song zu hören. Er war es, der der damals neunzehnjährigen Taylor Swift auf offener Bühne das Mikrofon aus der Hand nahm, ungefragt und spontan, um ihr einen absoluten Meilenstein ihrer Karriere madig zu machen: ihren ersten MTV Video Music Award in der Kategorie «Best Female Video». Seiner Meinung nach hätte Beyoncé diesen Preis gewinnen sollen, er war so überzeugt, dass es ihn von seinem Sitz direkt auf die Bühne riss. Und wenn ein erwachsener, extrem einflussreicher Mann einer jungen Frau mit den Worten «Taylor, ich freue mich wirklich für dich, aber …» mitten in die Dankesrede hineinquatscht – dann macht das etwas mit dieser jungen Frau, die plötzlich nicht mehr weiß, ob sie den Platz auf dieser Bühne wirklich verdient hat. Die Buhrufe hört und denkt, die gelten ihr. Der damalige US-Präsident, Barack Obama, nannte Kanye West daraufhin einen «jackass», und man war sich allgemein einig, dass sich dieser vermeintlich heroische Move zu den wohl unangemessensten aller Kommentare in der Geschichte der Award-Shows einreihen kann. Taylor Swift äußerte sich nur auf Nachfrage zu dem Vorfall, immer höflich, immer zurückhaltend. Arbeitete von da an womöglich noch härter, um als Künstlerin ernst genommen zu werden. 2015, sechs Jahre später, steht Taylor auf der Bühne, um Kanye West den Video Vanguard Award für sein Lebenswerk zu verleihen. Sie nutzt seine Worte von damals und betont, dass es eine Ehre sei, ihm, ihrem *Freund*, diesen Preis zu überreichen. Strahlende Gesichter, Umarmungen, es ist Zeit vergangen, die Anekdote liegt in der Vergangenheit, man nimmt sie nun mit Humor. Nur: Meinungsstarke Männer können es meist nicht dabei belassen. In Kanye Wests Fall äußerte sich das ein Jahr später in der bereits erwähnten Zeile aus seinem Song «Famous», für die er angeblich Taylors Erlaubnis eingeholt hatte. Ganz egal, wie lange ich darüber nachdenke: Mir fallen wirklich exakt null Gründe ein, warum eine fünfundzwanzigjährige Künstlerin damit einverstanden sein sollte, dass ein einflussreicher Musiker über sie, und vor allem über ihre bis dato schon rekordverdächtige Karriere, verbreiten will: «Ich habe dich berühmt gemacht. Du Schlampe.» Aber weil Kim Kardashian einen Teil des Telefonats zwischen ihrem damaligen Ehemann und Taylor Swift veröffentlichte, in dem sich Letztere sogar dankbar zeigte, war sich die breite Öffentlichkeit plötzlich sicher: Die lügt.

In dem gleichen grausamen Sommer gab es noch einen anderen Mann, dem es besonders wichtig erschien, reinen Tisch zu machen. Ebenfalls im Juli 2016, ausgerechnet am **13**., äußerte sich Calvin Harris, ein Ex-Freund Taylor Swifts, zu den Vorwürfen, er habe die Zusammenarbeit mit ihr an einem seiner Songs mit Absicht geheim gehalten. Unter dem Songwriter-Pseudonym Nils Sjoberg hatte Taylor an «This Is What You Came For» mitgewirkt und nach der Trennung öffentlich die Credits eingefordert. Auf X, ehemals Twitter, riet Harris ihr, sich lieber auf ihre neue Beziehung und das Gute in ihrem Leben zu konzentrieren, anstatt ihn «niederzureißen».[33] Im Laufe der nächsten Wochen und Monate fluteten Schlangen-Emojis und Tweets mit dem Hashtag «TaylorSwiftIsOverParty» das Internet. Die Medien stürzten sich auf die endlich gefallene Pop-Prinzessin, eine Headline nach der nächsten stempelte ihr «fake» auf die Stirn. Ich kürze hier ab mit einer Songzeile von Taylor: «Long story short, it was a bad time». Sie zog sich komplett zurück, um ungesehen aus dem Loch klettern zu können, in das sie von so vielen Seiten geschubst wurde. Ein Jahr später löschte sie plötzlich alle Beiträge auf Instagram, und die Swifties spürten: Da kommt was. Und was da kam, waren drei kurze, kryptische Videos, in denen sich eine Schlange durch die schwarze Kachel schlängelte. Es gibt einige historische Ereignisse, bei denen ich noch sehr genau weiß, wo ich mich zu dieser Zeit befand, und als Taylor Swift nach längerem Abtauchen plötzlich das Video zu ihrer neuen Single «Look What You Made Me Do» veröffentlichte, befand ich mich vier Minuten und fünfzehn Sekunden lang im Schockzustand. Ich saß, damals noch Auszubildende an der Texter:innen-Schule, in einer namhaften Agentur und kriegte den Mund nicht mehr zu. Mit ihrem Comeback deutete Taylor Swift laut und deutlich einfach alle Zuschreibungen um, besetzte sie mit sich und für sich neu: manipulative Hexe. Schlange. Verlogene Bitch. Die immer Überraschte, falsche Unschuldige. «Honey, I rose up from the dead, I'll do it all the time», singt sie, bevor man sie auf einem Berg ihrer früheren Versionen thronen sieht. Die alte Taylor Swift ist tot: long live the new Queen! «Look What You Made Me Do» war der Beginn einer neuen Taylor-Swift-Era, die wir Swifties auch sieben Jahre später noch feiern. Auch ich ziehe mir diese Hymne in unregelmäßigen Abständen in Dauerschleife rein. Es ist eine persönliche Kampfansage an alle Zweifler und Menschen (leider meistens Männer) in meinem Leben, die mich zu irgendeinem Zeitpunkt in den letzten fünfzehn Jahren ausbremsen wollten. Ich singe «LOOK WHAT YOU MADE ME DO!», während ich diese Zeilen tippe. Wenn ich an neuen Projekten arbeite, mein eigenes Geld verdiene, Männern die Meinung sage und mit meinen Freundinnen endlich unsere weichen, starken Körper feiere.

Eine andere Hymne, die mich seit 2019 begleitet, ist «The Man», Taylor Swifts vierte Singleauskopplung ihres Albums *Lover*. Einmal mehr spricht sie darin aus, welchen paradoxen Erwartungen Frauen, vielleicht besonders Künstler:innen, ausgesetzt sind. «They wouldn't shake their heads and question how much of this I deserve», wäre sie ein Mann, singt Taylor hier. Und: «I'm so sick of running as fast as I can / Wondering if I'd get there quicker if I was a man».

Wie viel Wahrheit in diesen Zeilen steckt, zeigt auch ein Blick auf die Medien, die sich mit Taylor Swift beschäftigen. Während sie, und vor allem ihr Privatleben, schon immer stark beleuchtet wurde, schenkte ihr das deutsche Feuilleton, das wie selbstverständlich die Musik ihrer männlichen Kollegen Justin Bieber, Ed Sheeran oder Frank Ocean besprach, relativ lange Zeit kaum Beachtung. Heute ist Taylor Swift endlich in der Musik-, Pop-, Literaturkritik angekommen. Es wird also jetzt überprüft, ob Taylor kulturwürdig ist; ob die Aufregung um dieses absolute Ausnahmephänomen *wirklich* gerechtfertigt ist. Diese Frage stellen sich vorwiegend Kulturjournalisten, die das «unaufhörliche Gewese um die Blonde mit den übersatt rot angemalten Lippen»[34] noch nicht ganz verstehen. Für die Arbeit an diesem Text durchkämme ich äußerst widerwillig alle Artikel, die zwischen 2022 und 2024 über Taylor Swift im deutschen Feuilleton erschienen sind, um mir ein Bild der Misogynie zu machen, die sich wie erwartet noch immer durch die Zeilen zieht wie längst abgekauter, geschmacklos gewordener Kaugummi. Teilweise wird Taylor als eine Art Krankheit bezeichnet, die sich die Familie des Journalisten «eingefangen» habe und deren Symptomatik es jetzt zu ergründen gelte.[35] An anderer Stelle lese ich, dass Swift nur ein «simples Popsternchen» sei, «musikalisch und persönlich deutlich uninteressanter» als beispielsweise Billie Eilish. Der Autor gibt großzügig zu, Taylor Swift sei «sicher eine ganz gute Songwriterin und Sängerin, wenn auch etwa im Vergleich zu Adele in beidem reichlich blass».[36] Übrigens auch eine sehr beliebte Strategie unserer Feuilletonisten: die eine Künstlerin mit der anderen vergleichen – aber auf einer Ebene, die wenig bis nichts mit dem Handwerk dahinter zu tun hat, sondern auf die Skandalträchtigkeit der Person abzielt und daraus Schlüsse über die künstlerische Qualität zieht. Der Autor stellt fest, Taylor Swift habe außer einer bruchsicheren Fassade nichts vorzuweisen, «keine tatsächlichen Dramen wie Britney Spears, keine wahre Emanzipation wie Miley Cyrus, keine Wendung in die Kunst wie Lady Gaga».[37] Ich würde ihn gerne fragen, wo ich die exakte Definition von «Kunst» nachlesen kann und was er als weißer Cis-Mann unter «wahrer Emanzipation» versteht, irgendwie scheine ich da noch Wissenslücken zu haben. Was ich verstehe: Für ihn ist das Aufwachsen als Frau im Patriarchat nicht dramatisch genug. Er wünscht sich eine Fassade, die bröckelt, einen Blick auf den *Menschen* hinter der milliardenschweren Maschinerie. Problem nur: Wenn dieser Mensch eine Frau ist, bleibt der Blick ins Intime niemals neutral. Sondern er sticht, untersucht und interpretiert, bewertet und verurteilt.

Seit Taylor Swift offiziell den Status einer Superreichen hat, steht sie zudem im Zentrum einer ganz neuen Debatte. Sie verdiene zu viel Geld, nutze ihren Einfluss auf ihre kaufwilligen Fans schamlos aus, und weder sie noch ihre überteuerte Tour seien etwas, das weiter unterstützt werden dürfe. Ob berechtigte Kritik oder nicht: Es ist eine Debatte, bei der sich der Fokus erneut verschoben hat. Weg von den enorm problematischen Strukturen unseres spätkapitalistischen Systems hin zu einer Einzelperson, an der sich, dankbar, eine Schuldige entlarvt zu haben, abgearbeitet wird. Die komplexen Strukturprobleme auf den Schultern einer Person abzuladen, statt systemisch nach Lösungen zu suchen: kann man machen, aber ist mindestens intellektuell wie auch moralisch faul. Wenn eine monetär exzeptionell erfolgreiche Person eine Frau ist, lockt das besonders auf Social Media die misogynen Dichter und Denker unseres Landes in die Kommentarspalten. Taylor Swift sei keine Geschäftsfrau, sondern eine gierige Amerikanerin, die ahnungslosen Teenagern das Geld aus der Tasche ziehe. Sie sei keine unermüdlich arbeitende Künstlerin, die zwischen einer Welttournee noch ihr elftes Studioalbum produziert hat, nein, sie sei vor allem die nervige neue Freundin von Football-Profi Travis Kelce. An einem normalen Arbeitstag singt und performt Taylor stundenlang bei Hitze oder in strömendem Regen für ein Publikum im fünfstelligen Bereich, aber im Feuilleton stolpere ich über Bildunterschriften wie diese: «Wem wirft die angeblich frisch getrennte Taylor Swift da einen Blick zu – etwa ihrem neuen Lover?» Die Fotografie zeigt Taylor in Pose, mitten in der Performance einer ihrer Songs aus *reputation*. Ich muss ein bisschen lachen. Was wir Swifties unter so ein Foto schreiben würden? «The power this picture holds.»

Ich versuche mich an den Moment zu erinnern, an dem ich aufgehört habe, andere Frauen nach den Kriterien zu bewerten, die Männer uns ins Gehirn gepflanzt haben. Überschätzt, nervig, zu laut, zu perfekt. Diesen einen Moment gab es natürlich nicht, denn ich arbeite noch immer daran, es ist ein Prozess. Um es in Taylors Worten zu sagen: «Ich will die Misogynie in meinem Hirn umprogrammieren.»[38] Mir fällt der Satz meiner Lektorin ein, in einem unserer ersten Gespräche über Taylor Swift: «Sie ist halt keine Beyoncé.» Ich habe zuerst zustimmend genickt, gesagt, dass ich ihren Einwand verstehe. Erst später ist mir klar geworden, dass hier eines der Probleme liegt, die wir wirklich dringend lösen müssen: Auch wir Frauen vergleichen die eine Megakünstlerin mit der anderen, die eine Frau mit der anderen, obwohl sie in ihrem Wesen und Werk nicht unterschiedlicher sein könnten. Woher kommt dieser Reflex, der nicht nur beim Betrachten von Superstars, sondern auch im Privaten auftritt? Es ist weniger ein natürlicher, sondern ein erlernter Reflex. Wir sind es noch immer gewohnt, dass der Platz an der Spitze nur für eine Frau reicht. Wir tragen ein internalisiertes Bedürfnis in uns, *die Eine* zu finden, die diesen Platz wirklich verdient, und fragen: Wer ist denn nun die Bessere, die Beste? Mit Blick auf die Kulturkritik ist es ein Dilemma, denn sie funktioniert nun einmal nicht ohne Vergleiche, und sie braucht diesen Raum, in dem Künstler:innen und deren Inszenierungen zueinander in Verbindung gebracht werden, in dem Parallelen und Unterschiede diskutiert werden können. Es braucht aber auch faire, gleiche und genderunabhängige Bewertungskriterien, die keiner misogynen Schablone folgen. Ein gutes Beispiel liefert Jörn Glasenapp, der sich in seinem Buch ausschließlich auf den musikgeschichtlichen Mehrwert von Taylors Werk und ihrer Entwicklung konzentriert.[39]

Auf die Frage eines Freundes, der mich aufrichtig interessiert fragte, was Taylor von Beyoncé oder Billie Eilish unterscheide, antwortete ich: Sie ist Taylor Swift. Und darin ist sie die Einzige und Beste. Wenn ich Freundinnen und Kolleginnen bei der Arbeit beobachte, mit ihnen kleine und große Meilensteine feiere, dann tue ich das nicht im Vergleich mit mir. Ich versuche ganz bewusst, aufkommenden Neid in Inspiration zu verwandeln. Ich applaudiere einer Freundin und meine damit alle Frauen. Ich bin stolz auf Taylors Mut, sich mit ganzem Herzen einer Öffentlichkeit auszusetzen, die nur darauf wartet, sie scheitern zu sehen. Sie ist nicht *overrated*, überbewertet. Sie ist eine Künstlerin, die es geschafft hat, über dem Narrativ zu stehen, das sie immer wieder in die Knie zwingen will. Sie singt inmitten Tausender Fans über ihre Hater, statt ihnen einfach die Bühne zu überlassen. Und dass ihre Kritiker:innen dabei in ihrer Abwertung trotzdem noch zu Taylor aufblicken müssen, ist am Ende des Tages nicht ihr, sondern deren Problem.

7. MÄNNER

Über die Unmöglichkeit, alleine betrachtet zu werden

Love thorns all over this rose
I'll pay the price, you won't

Taylor Swift – «Slut!» (Taylor's Version) (From The Vault)

Als ich meinen Eltern davon erzähle, dass ich ein Buch über Taylor Swift schreibe, blicke ich kurz in ratlose Gesichter. Sie wollen sich freuen, wissen aber nicht so richtig, worüber – denn sie wissen nicht mehr so ganz genau, wer Taylor Swift überhaupt ist. (Das ist total okay, meine Eltern sind trotzdem cool.) Eine Sache fällt meiner Mama dann aber doch noch ein, zu der Sängerin, die gerade die Welt betourt, Preise gewinnt und zwischendurch noch neue Alben produziert. Sie ist mit «diesem Footballer» zusammen. Denn die Neuigkeit, dass Taylor Swift und Travis Kelce ein Paar sind, hat sogar die Tagesschau erreicht. Wenige Wochen zuvor werde ich gefragt, was ich von Travis Kelce halte – auf Social Media, im Büro, im Buchladen oder beim Kaffee zwischendurch, von Swifties und anderen Neugierigen. Ich verdrehe die Augen, sage laut «NIX!» und möchte das Gespräch gern sofort beenden. Ich will nicht über den neuen Boyfriend von Taylor Swift reden. Ich will es nicht süß finden, dass er ihr seine Handynummer in Form eines Freundschaftsarmbandes überreichen ließ. Ich will unbedingt, dass es mir egal ist, weil ich vor allem will, dass die Arbeit dieser Frau im Vordergrund steht. Nicht irgendein Typ, dessen Namen die Medien jetzt schon vormerken für ihre «complete timeline of Taylor Swift's dating life». Aber es gelingt mir nicht. Mir, einer eigentlich aufgeklärten Frau, die heteronormative Beziehungsmodelle für längst überholt hält und die genau weiß, dass kein Mann der Welt den Wert einer Frau definieren sollte. Auch ich sitze mit offenem Mund und verstrahltem Blick über meinem Smartphone, wenn neuer «Tayvis»-Content in meiner Instagram-Timeline auftaucht. Erst vor knapp viereinhalb Minuten habe ich mir also verschwommene Fotos von Travis und Taytay angeschaut, wie sie sich in Shorts und Bikini auf den Bahamas sonnen. Die beiden gönnen sich eine Auszeit, und wir sind alle live dabei. Ich frage M., was wir davon halten, und wir sind uns einig, dass alles daran komplett übergriffig ist. «Aber wenigstens macht sie mal Urlaub», schiebt er noch hinterher.

Seit sie Songs schreibt, schreibt sie über Liebe. Über die auf den vermeintlich ersten Blick, über die vergangene, die nicht ausgelebte und unerwiderte, über die dramatisch beendete und die verbotene. Die Tatsache, dass Taylor Swift mit ihren Texten ihren eigenen Herzschmerz verarbeitet, scheint die halbe Welt als Einladung zu verstehen, ihre Liebesgeschichte Episode für Episode auseinandernehmen zu dürfen. Wie eine Romantic-

Comedy-Serie, die bei Bedarf immer wieder neu gebingt wird. Während Taylor in der aktuellen Staffel bereits frisch verliebt am Strand abhängt, fluten immer noch zahllose Beiträge und Artikel über längst zu vergessende Verflossene das Internet. Maßgeblich beteiligt an diesem Skript, das sich immer wieder um den jeweiligen Mann an Taylors Seite dreht, sind auch wir Swifties. In neuen Songs sammeln wir mehr Informationen als Investigativjournalist:innen. Wir interpretieren, verbinden rote Fäden miteinander und verzetteln uns nur zu gerne in den Lovestorys von Taylor. Wir wünschen uns, dass sie glücklich ist, und sehen sie als die erfolgreiche, emanzipierte Künstlerin, die sie ist. Und doch fällt es uns schwer, diesen Teil ihrer Vergangenheit ruhen zu lassen. All die Memes, Videos und Textanalysen über Ex-Freunde und aktuelle Liebschaften sorgen für das Grundrauschen im digitalen Datenpool, aus dem Nachrichtenplattformen ihre Headlines fischen. Als Taylor ihr Album *The Tortured Poets Department* ankündigte und verriet, dass sie die Arbeit daran durch eine besonders schwere Zeit getragen habe, war uns Swifties klar: Das muss es sein, das Breakup-Album. Sehnlichst erwartete Songs, die uns endlich Antworten liefern würden auf all die Fragen, die uns seit April 2023 beschäftigten, als plötzlich Trennungsgerüchte an die Oberfläche schwappten: Taylor und Joe Alwyn, Liebesaus nach sechs Jahren. Ein Plottwist, den wir nicht vorhergesehen hatten. Ich erinnere mich noch viel zu gut daran, wie ich mit schlafmüden Augen die Nachricht las und es zunächst für einen Scherz hielt. War doch

Joe *the one*, den wir Swifties kollektiv in unser Herz geschlossen hatten. Der Mann, dem sie schließlich zwei Alben (*reputation* und *Lover*) und einige ihrer liebevollsten Lieder gewidmet (z. B. «Delicate», «Daylight», «Paper Rings»), mit dem sie sogar gemeinsam Songs geschrieben hatte («exile (feat. Bon Iver)», «betty», «evermore (feat. Bon Iver)», «champagne problems», «coney island (feat. The National)», «Sweet Nothing»). Nur wenige Monate später, als die Tracklist zu *The Tortured Poets Department* veröffentlicht wurde, galt er als Persona non grata. Wie wild spannen einige Swifties ihre Fäden und nahmen Joe ins Visier. Neben vermeintlicher Untreue dichteten einige Swifties ihm noch ein Vergehen an: Er wollte Taylor nicht heiraten.

Mit achtzehn dachte ich, ich hätte mit spätestens achtundzwanzig zwei Kinder, ein Haus auf dem Land und natürlich einen Ehemann. Heute lebe ich noch immer zur Miete in der Stadt, bin ganz bewusst unverheiratet und bisher noch kinderlos. Es ist einer der auch möglichen Lebensentwürfe, die sich mir erst erschließen mussten, die ich erst vorgelebt bekommen musste, um sie für mich begreifen zu können. Als Taylor Swift ihr Album *Midnights* und die dazugehörige Single «Lavender Haze» veröffentlichte, fühlte ich mich von ihr noch einmal ganz neu verstanden. Darin besingt sie das Gefühl, als Frau nur zwei Rollen zugeschrieben zu bekommen – die der Ehefrau oder die des One-Night-Stands. An einen One-Night-Stand glaubte bei meiner mittlerweile achtjährigen Beziehung zwar niemand mehr, aber dass da noch kein Ring an meinem Finger prangte, war für viele in meinem privaten Umfeld nur schwer nachzuvollziehen. Ich hatte sie satt, die Fragen danach, wann es denn endlich so weit sei, und die vielsagenden Blicke, wenn ich von vermeintlich romantischen Reisen nach Paris berichtete.

Die Beziehung zwischen Taylor Swift und Travis Kelce ist zum aktuellen Zeitpunkt gerade mal sechs Monate jung, was weder Medien noch Fans davon abhält, bereits von Hochzeit und Kindern zu sprechen. Nicht besonders überraschend bei einem Popstar, für den im Auge der US-amerikanischen Öffentlichkeit immer noch andere Werte gelten, wenn es um Liebe, Ehe und Nachwuchs geht. Ich frage mich, ob im Fall von Taylor Swift trotzdem noch ein anderer Beweggrund mitschwingt, weshalb ihr eine baldige Traumhochzeit und das mutmaßliche Happy End gewünscht werden. Denn eine Ehe könnte bedeuten: Einer hätte es endlich geschafft, die Frau zu ‹zähmen›, die vor nicht allzu langer Zeit noch als «serial dater» bezeichnet wurde. Weil sie es gewagt hatte, in ihren Zwanzigern mehr als in nur einem Mann ihre große Liebe zu suchen. Eine Frau, die ihre Partner so oft und schnell wechsele, sei problematisch, naiv und zu anspruchsvoll, ganz bestimmt verrückt und sicher auch ein bisschen hysterisch. So weit, so sexistisch. All das greift Taylor Swift souverän in ihrem Song «Blank Space» und dem dazugehörigen Musikvideo auf, in dem sie sich selbst als männervernichtende Liebhaberin mit Hang zur Dramatik inszeniert. Die Ironie dahinter haben bis heute leider nicht alle verstanden, wie man besonders in Interviews mit Taylor immer wieder vorgeführt bekommt. In unregelmäßigen Abständen schießt mir eine ihrer Aussagen in den Sinn: «I'm not going to walk home with any men tonight».[40] Es war Taylors Konter auf die Annahme einer Moderatorin, sie würde die Grammy-Verleihung sicher mit mehr als nur einer Trophäe verlassen – mit «lots of men». Ihr Date an diesem Abend war übrigens ihre beste Freundin Abigail Anderson.

Die Doppelmoral scheint unbezwingbar: Sei stark, attraktiv und ein sexuell selbstbestimmtes Wesen – aber hab nicht zu viel Sex. Hier kommt noch eine zweite Ebene ins Spiel: Taylor Swift dient seit ihrem fünfzehnten Lebensjahr als Vorbild für junge Mädchen. Auch als erwachsene Frau fungiert sie noch als Projektionsfläche und Abbild dessen, was sich viele Eltern für ihre Kinder wünschen. Und im christlichen Amerika, mindestens im Bible Belt, ist das neben vielen Dingen eben auch immer noch: Keuschheit. Aber auch hierzulande wird diese Dimension ihrer Sexualität mitdiskutiert. Ein deutscher Feuilletonist und zweifacher Vater betont in seiner Kolumne über Taylor, dass er es befürworte, wie sie als Popstar zwar zweifelsohne wunderschön, aber eben nicht auf die «aufregende» Art sexy sei.[41] Das mache sie zum optimalen Vorbild, denn für ihn sei die Sexualität seiner Töchter vor allem eine «Sicherheitsfrage» – emotional und körperlich. Während er sich für seinen Nachwuchs einen lässigen, transparenten und gesunden Umgang mit Sex wünscht,[42] drängt sich mir hier aber vor allem eine Frage auf: Ist es wirklich ein freizügiger, sexy Frauenkörper, der diese Sicherheit gefährden könnte – oder vielleicht doch die Männer, die diesen mehr als nur betrachten wollen? Weil ich zwar keine Mutter, aber eben doch eine Frau bin, verstehe ich die Sorge um seine Töchter, die wiederum keine Söhne sind, die er feministisch erziehen könnte. Aber einen Artikel zu veröffentlichen, in dem eine angebliche Abwesenheit von sexuellem Verlangen mit einer Vorbildfunktion für junge Mädchen verbunden wird, ist keine besonders große Hilfe auf unserem Weg zur Gleichberechtigung. In dem Interview, auf das er sich bezieht, gibt eine etwa fünfundzwanzigjährige Taylor zu, dass sie sich selbst nicht für sexy hält und dass es vor allem ihre Kreativität und ihre Arbeitsmoral seien, die sie auszeichnen. Dass es falsch sei, jungen Mädchen vermitteln zu wollen, dass sie sexy und cool sein müssen, um als Frau wahrgenommen zu werden. Eine Aussage, die in einer Zeit getroffen wurde, in der sie selbst im medialen Kreuzfeuer bezüglich ihres Datinglebens stand und sich konstant mit dem Wert ihrer Arbeit behaupten musste. Wenn ich die mittlerweile vierunddreißigjährige Taylor heute beobachte, sehe ich eine Frau, die eine Sache dazugelernt hat: erfolgreich *und* sexy sein zu dürfen. Ich erkenne eine neu gewonnene Freimütigkeit, eine selbst definierte Freiheit. Das gilt auch für Taylors öffentlichen Umgang mit ihrer neuen Beziehung. Sie stürzt sich freudestrahlend auf ihren Lover oder textet für ihn spontan Songzeilen um («Karma is the guy on the Chiefs!»), sie bekennt sich ungeniert und furchtlos zu dieser Romanze, die manche für einen PR-Gag, andere für ein vom Schicksal vorbestimmtes Match halten. Sie hat gelernt, dass sie im Spiel gegen die mediale Aufmerksamkeit ohnehin nur verlieren kann, also sorgt sie für Aufnahmen, die sie selbst gerne sieht. Taylor Swift steuert ihre eigene Bildpolitik mehr denn je. Sie ist zum PR-Profi avanciert und lässt nicht mehr zu, dass der Medientrubel sie derart verunsichert, dass er sie davon abhält, Freund:innen zu treffen, auf Dates zu gehen oder sich komplett verknallt (und gut angetrunken) auf dem Coachella-Festival zu zeigen. In ihrem TIME-Person-of-the-Year-Interview verriet sie: «Ich habe mich viele Jahre lang in meinem Haus eingeschlossen – diese Zeit bekomme ich nie wieder zurück.»[43]

8. SWIFTIES

Über den schmalen Grat zwischen Bewunderung und Obsession

Haven't you heard what becomes of curious minds?

Taylor Swift – Wonderland

Die allermeiste Zeit meines Lebens war ich ein stiller Fan von Taylor Swift, bin es teilweise immer noch. Ich höre ihre Musik, verschwinde Album für Album in meiner Parallelwelt und tauche wieder auf, ohne dass irgendwer etwas bemerkt hat. Ich bin auch ein unsichtbarer Swiftie, zumindest im Leben abseits von Social Media. Weder im Bus noch beim Einkaufen oder Spazierengehen sieht man mir mein Fantum an – und das, obwohl doch Swifties angeblich sofort zu erkennen sind. An bunten Freundschaftsarmbändern zum Beispiel. Seit einer Weile gibt es das jedoch kaum noch, *stiller Swiftie sein*. Überhaupt ist Swiftie sein oder nicht sein zu einer viel diskutierten Frage in meinem Umfeld geworden. Ein Begriff, der so allgegenwärtig geworden ist, dass sich die Positionierung des eigenen Fantums zum Gesprächseinstieg entwickelt hat. «Ich bin kein Swiftie, aber …» Bei Instagram, wo man mir mein Fantum etwas schneller ansieht, erhalte ich Nachrichten mit Beiträgen zu Taylor, News, Gossip oder Lieblingssongs. Nachrichten, die auf verschiedene Weise alle eines sagen: Wer an Taylor Swift denkt, muss jetzt auch an mich denken. Aber bin ich überhaupt ein *guter* Swiftie?

Bevor Swifties zu *Swifties* wurden, waren sie vor allem Fans, deren Geschichte mit Taylor Swift ihren Anfang in den Nullerjahren nahm, als wir unsere Zeit nach der Schule noch auf Plattformen wie tumblr oder MySpace verbrachten, bis Mutti das Modem ausschaltete. Auch Teenage-Taylor tobte sich dort mit HTML, Grafiken und Bannern aus und nutzte ihre Profile als Promofläche für ihre Musik – und für sich. Sie postete Spiegelselfies von sich und ihrer besten Freundin, Fotos mit allen möglichen Webcam-Filtern und immer wieder persönliche Ausschnitte aus ihrem Gefühlsalltag. Sie sprach zu einem digitalen Publikum, das ihr Freundschaftsanfragen schicken konnte und sich Klick für Klick vermehrte. Sie interagierte, reagierte und kommentierte, war launisch, lustig und nahbar. Sie war eine von uns, den ganz normalen, pubertierenden Teenagern, die sich in den neuen Weiten des Internets nach einem Pixelchen Aufmerksamkeit, Applaus und Anerkennung sehnten. Taylor Swift war eine ehrgeizige, aufstrebende Künstlerin, die ihren Fans nicht nur ermöglichte, sie auf ihrem Weg zu begleiten, sondern ihnen auch das Gefühl gab, sie wirklich zu *kennen*. Damit knüpfte sie sich, ob bewusst oder unbewusst, schon früh ein Netzwerk aus Unterstützer:innen, das heute groß genug ist, um sie problemlos aufzufangen. Und in diesem Netz hängen mittlerweile nicht mehr nur die US-amerikanischen Millennial-Mädchen drin, sondern auch Menschen aus mehreren Generationen, Ländern und Kontinenten. Auch Fans wie ich, deren Begeisterung für Taylor Swift erst deutlich später entflammte. Das lag zum einen daran, dass die große Swift-Welle verhältnismäßig verzögert über uns in Deutschland einbrach. Zum anderen daran, dass mein Musikherz mit fünfzehn vorwiegend für Bands mit Männern in zu engen Hosen schlug. Ich war erst dann endlich Fan, als Taylor bereits der Star war, den man eher aus der Ferne anhimmelt, statt ihn als Freundin auf MySpace zu adden. Dass es da eine Community gab, die nicht nur *über* Taylor Swift, sondern scheinbar sogar schon *mit* ihr kommuniziert hatte, veränderte alles für mich. Denn es war eine Community, die von «uns» sprach und Beiträge mit nostalgischen Sätzen wie «Remember, when Taylor told us …» teilte, die sich also auf eine gemeinsame Vergangenheit mit diesem Überpopstar bezog. Ich erfuhr von Accounts wie *Taylornation* oder *TheSwiftSociety*, von Menschen, die die Lyrics von Taylor scheinbar besser verstanden als alle regulären Fans, die überall Referenzen und Parallelen entdeckten und in allem, was Taylor tat, Easter Eggs erkannten. Ich wollte sie auch lernen, diese besondere Love Language zwischen Taylor Swift und ihren Fans. Was musste ich tun, um zu diesem «uns» zu gehören? Welche Kriterien musste ich erfüllen, um nicht mehr bloß Fan, sondern Swiftie zu sein? Und, fragt sich ein Teil von mir teilweise heute noch, wollte ich das überhaupt wirklich?

«Ich bin kein Fan von Taylor Swift, sondern von den Swifties», verriet mir neulich meine Freundin N., deren Hobby es geworden ist, sich im sogenannten «SwiftTok» zu verlieren. Auf TikTok schaut sie Videos von *Hardcore Swifties*, die bestens über alle großen Meilensteine und kleinsten Details in Taylor Swifts Leben informiert sind. Die geheime Botschaften zu entschlüsseln versuchen und enorm kuriose Theorien miteinander entwickeln. Swifties auf diesem Level stellen willkürliche Datumsangaben in Quersummen und spüren die Zahl **13** schneller auf, als Sherlock Holmes auf Speed es je könnte. Ich kann N. verstehen und nicke nur bedächtig, denn ich kenne diesen Zauber, den Swifties auf jene Neulinge ausüben, die neugierig ins Swiftverse reinschnuppern. Auch ich bin damals kopfüber reingefallen in dieses *rabbit hole* voller emotionaler Abbiegungen. Was Swifties auf Social Media teilen, hat für viele in etwa den Unterhaltungsfaktor eines guten True-Crime-Podcasts, dem wir beim Gemüseschneiden oder Wäschewaschen mit einer Mischung aus Unglauben und Faszination lauschen. Der Vergleich passt im Übrigen auch inhaltlich gut, denn Swifties sind geübt darin, Verbrechen aufzuklären – zumindest wenn dieses lautet: Unserer Queen wird ein Unrecht angetan.

Als im Januar 2024 KI-generierte Nacktfotos von Taylor Swift im Internet auftauchten, reagierten die Swifties sofort und fluteten das Netz mit positiven Fotos von Taylor und dem Hashtag #ProtectTaylorSwift, um die Fake-Pornobilder unauffindbar zu machen. Ein Akt der Liebe, der in dieser Wucht und Schnelligkeit nur dank Social Media möglich war. Bereits im November 2022 hatten Swifties für Schlagzeilen gesorgt, als sie das US-Justizministerium für ihre Interessen mobilisieren wollten. Das Zielobjekt: Ticketmaster. Grund war der gescheiterte Ticketvorverkauf für die *The Eras Tour*, der nach mehreren Serverabstürzen, unverhältnismäßig langen Warteschlangen und überteuerten Tickets auf dem Schwarzmarkt gestoppt wurde. Das Argument der Swifties: Ticketmaster bzw. der Mutterkonzern Live Nation mache es für die Mehrzahl an Fans nahezu unmöglich, an bezahlbare Tickets zu kommen. Die Ermittlung gegen Ticketmaster läuft noch heute. Auch wenn die Swifties nicht die Alleinverantwortlichen derartiger Entwicklungen sind, eilte ihnen spätestens nach dem Ticketmaster-Vorfall ein gewisser Ruf voraus. Das griff auch Moderator und Comedian Trevor Noah in einem Witz während der Grammys 2023 auf, als er Taylor Swift fragte, ob ihre Fans nicht vielleicht den Preis von Eiern regulieren könnten. *Don't mess with the Swifties,* legt euch nicht mit den Swifties an, etablierte sich zum allgemeinen Motto, denn sie seien aufgrund ihrer schieren Masse und leidenschaftlichen Loyalität zu allem fähig. Für die einen ein müder Scherz, für die anderen ein echtes Problem. Denn es gibt auch Fälle, in denen die Swifties kein vermeintliches Verbrechen ermitteln, sondern selbst eines begehen.

«Ich stand gerade in der Kaffeeschlange, als die Todesdrohungen meinen Posteingang fluteten.»[44] Das berichtet Chris Panella, Journalist und Autor für Business Insider, der nach seinem Konzertbesuch der *Eras Tour* den Zorn einiger Swifties auf sich gezogen hatte. Für einen Artikel hatte er das Swift-Konzert mit seinem Besuch von Beyoncés *Renaissance*-Tour verglichen. Er deklarierte beide als denkwürdig, äußerte nur wenige, durchaus valide Kritikpunkte am Konzept von Swifts Welttournee und platzierte die Konzertkrone klar auf Beyoncés Haupt. Das nahmen Hunderte von Swifties etwas zu persönlich und starteten ihre Antikampagne gegen Chris Panella, die laut ihm u.a. Drohungen, Doxxing und rufschädigende E-Mails an seinen Chef beinhaltete. Mir fällt alles aus dem Gesicht, als ich das lese. Swifties knacken richtig gut knifflige Codes, aber doch keine Knochen?! Ich recherchiere weiter, beleuchte Browsertab für Browsertab die dunklen Seiten der Swifties, die für mich bisher im Schatten blieben. Der digitale Angriff auf Panella war nicht der erste und dieses Beispiel für extremes Fanverhalten leider kein Einzelfall. Die Identifikation mit dem verehrten Star, in unserem Fall mit Taylor Swift, scheint bei einigen Fans so groß zu sein, dass es zu einer Verwechslung kommt: Kritik an ihr wird auf einmal als eine Kritik an einem selbst, als persönlicher Angriff wahrgenommen. Wenn daraus dann eine strategische Gegenoffensive entsteht, die im Rausch einer euphorisierten Gruppendynamik nicht nur Tempo aufnimmt, sondern in Mobbing und Gewalt endet, ist das klar zu verurteilen. Von dieser Ausformung des Fandoms distanziere ich mich selbstverständlich deutlich. Der psychologische Aspekt hinter einer derartigen Kompensierung ist aber natürlich mehr als spannend und sagt viel über die Kommunikationsmechanismen in unserem *digital age* aus.

Die Intensität parasozialer Beziehungen ist dank der Echtzeit von Social Media so stark wie nie, gleichzeitig sind diese entfremdeter als je zuvor. Doch die Verbindung zwischen den Fans und Taylor Swift sei keine einseitige, würden einige Swifties sicher entgegnen. Taylor liest ja, was wir schreiben. *Sie kennt uns.* So veröffentlicht sie beispielsweise Playlists passend zu den Phasen einer Trennung und übernimmt hierfür Wortwörtliches aus Swiftie-Theorien zu *The Tortured Poets Department.* Sie reagiert auf Forderungen nach Songversionen oder Singles, sie streicht eine Szene aus ihrem Video zu «Anti-Hero», weil Swifties ihr Fatshaming vorwerfen. Auf Konzerten sagt sie auf der Bühne: «I'm listening», ich höre euch zu, ich sehe euch. In Dankesreden und Interviews betont sie immer wieder, wie wichtig ihr die Verbindung zu ihren Fans sei, die sie übrigens selbst nur selten Swifties nennt. Aus MySpace-Freund:innen wurden Follower, auf Instagram sind es bereits über zweihundertdreiundachtzig Millionen. Wenn ein Popstar sich derart in die Nähe von seinen Fans rückt (und von dem Fantum fraglos profitiert), könnte man also fragen, ob Taylor Swift mitverantwortlich für das Verhalten ihrer Fans sei. Ist es ihre Pflicht, sich für uns zu entschuldigen, wie es Mütter für ihre Kinder oft tun? Kurz vor der Veröffentlichung von *Speak Now (Taylor's Version)* richtete Taylor sich mit dem Wunsch an ihre Fans, sich im Internet genauso liebevoll und nett zu verhalten, wie sie es auf ihrer Tour tun. Damit spielte sie auf diejenigen an, die es besonders auf Taylors Ex-Freunde abgesehen haben. Die rieben sich dank der Neueinspielung von «Dear John (Taylor's Version)» schon gedanklich die Hände und waren bereit, einen Troll-Tweet gegen John Mayer nach dem nächsten in die Tasten zu hauen. Doch Taylor nahm ihnen den Wind aus den Segeln: «Ich bringe dieses Album nicht heraus, damit ihr das Gefühl bekommt, mich im Internet gegen jemanden verteidigen zu müssen.» Mit ihren dreiunddreißig Jahren interessiere sie sich nicht mehr für das, was ihr jemand mit neunzehn angetan habe; lediglich ihre Songs und die gemeinsamen Erinnerungen mit ihren Fans seien das, was wirklich zähle. Erst einen Monat zuvor hatten sich Swifties mit einem «offenen Brief» über X (vormals Twitter) an die Künstlerin gewendet und sie mit dem Hashtag #SpeakUpNow um ein Statement zu ihrer vermeintlichen Romanze mit dem äußerst umstrittenen Matty Healy gebeten. Der The 1975-Sänger war in der Vergangenheit durch rassistische und frauenfeindliche Äußerungen aufgefallen, auch gegen Taylor selbst. Eine Liaison mit ihm schien allem zu widersprechen, woran wir Swifties glaubten. Da konnte er noch so oft im VIP-Zelt von Taylors Tour herumstehen, mit sehnsüchtig geöffnetem Mund verträumt auf die Bühne gucken und seine Locken im Takt zu «Shake It Off» wippen lassen. Taylor und dieser Typ, das mussten *wir* verhindern. *Swifties unite!* Aber: Sollte diese Beziehung enden, weil Taylor unserer Meinung nach etwas Besseres verdient hatte oder weil wir Fans ihre Entscheidung für einen problematischen Partner als Bruch mit uns empfinden würden, als Verletzung unserer gemeinsamen Prinzipien? War #SpeakUpNow übergriffig – oder nur ein weiterer Akt der Liebe? Taten diese Swifties das Richtige, als sie Taylor ihr Recht absprachen, ihre eigenen Entscheidungen treffen und Beziehungen bilden zu dürfen, weil sie sich als Person von öffentlichem Interesse klar gegen jegliche Form der Diskriminierung zu stellen habe?

Einen Hinweis darauf, wie Taylor selbst zur Social-Media-Justiz im Fall Matty Healy dachte, versteckt sich möglicherweise in ihrem Song «But Daddy I Love Him», wo es heißt: «I'll tell you something about my good name/It's mine alone to disgrace/I don't cater to all these vipers dressed in empath's clothing».

Ich versuche, in alldem *mich* zu verorten, mein Fansein. Schreibe oder spreche ich über Swifties, rutsche ich oft, aber keineswegs immer ins *wir*. Weil es einen Teil von mir gibt, der lieber von draußen zuschaut. Kann ich überhaupt noch Swiftie sein, ohne mich in einem Atemzug auch von dem distanzieren zu müssen, das nicht meiner Vorstellung vom Fantum entspricht? Welches Level an Engagement braucht es also, um ein guter Swiftie zu sein?

Ich öffne den WhatsApp-Chat mit M. und will ihn fragen, ob auch er manchmal eine Swiftie-Identitätskrise habe oder ob für ihn das Positive, der Spaß an diesem Fandom überwiege. Und genau da liegt schon meine Antwort: Denn den Chat mit M. gäbe es gar nicht, wenn wir nicht irgendwann festgestellt hätten, dass wir zufällig die gleiche Blondine mit der Glitzergitarre toll finden. Wir würden uns weder sprachlose Emojis noch begeisterte Voicemessages schicken, jedes einzelne Mal, wenn Taylor *irgendetwas* macht. Niemals hätten wir völlig übermüdet auf einer Bank gesessen, um mitten im Trubel der Frankfurter Buchmesse zum ersten Mal gemeinsam das Musikvideo zu «Anti-Hero» anzuschauen. Es hätte kein geteiltes Herzklopfen gegeben, während wir in der Warteschleife für Tourtickets hingen, keine Freudentränen, als es tatsächlich geklappt hatte. Wen hätte ich nicht alles kennengelernt, hätte ich mich niemals vom stillen zum stolzen Swiftie entwickelt? «If I never showed up, what could've been?»

Apropos Stolz. Bevor der so richtig durchkam, war da immer wieder auch Scham. Bin ich noch cool genug, wenn ich die Musik von Taylor Swift höre, die so viele als kommerziell und wenig komplex abtun? Bin ich noch professionell genug, wenn ich sie zitiere, nicht nur in meinen Instagram-Stories, sondern sogar in Artikeln der Branchenpresse, auf Podien? Passen meine Vorliebe für diese glitzernde Popwelt und mein Fansein zu meinem Wunsch, mit meiner Arbeit auch in der ernst zu nehmenden Literaturwelt stattzufinden? In dieser akademisierten Welt, in der das Wort «Fan» an sich schon eine Abwertung erfährt, weil es in der Hochkultur eben keine Fans, sondern nur «Expert:innen» gibt. Und dann bin ich auch noch ein *weiblicher* Fan, zähle also gleich als doppelter Indikator für einen Mainstream, der in bestimmten Kreisen geringen Status und damit auch eine geringere Kompetenz zugeschrieben bekommt. Als ich meiner befreundeten Buchhändlerin N. erzähle, dass ich über Fan-Scham schreibe, stimmt sie mir fast schon unbeeindruckt zu: «Swiftie zu sein, ist doch zu fünfzig Prozent Scham.» Wir gestehen uns gegenseitig, wann wir unsere Begeisterung für Taylor Swift schon auf stumm geschaltet haben, um nicht abgestempelt zu werden. Aus Sorge, in eine Schublade einsortiert zu werden, in einen schmalen Raum, in dem wir Fans unter uns bleiben und bitte nur dort, von anderen ungehört, kreischen und heulen sollen. Wir, die unkontrolliert emotionalen Frauen, die *Mädchen*. Natürlich sind nicht nur Frauen Fans von Taylor Swift, und natürlich gibt es keinen Grund, sich dafür zu schämen, öffentlich Gefühle zeigen zu wollen. Im Zugang zu meinen Emotionen liegt mein ganzes kreatives Kapital, nie wieder würde ich den kappen wollen. Wenn sich ein Schamgefühl ins Fansein schleicht, muss hinterfragt werden, woher es kommt. Wer uns Swifties da gerade einreden will, dass wir *peinlich* und *uncool* sind. Zu laut, zu pink, zu viel gleiche, unbedeutende Masse. «Wen interessiert's?», lese ich auf Social Media oft, oder: «Ihre Musik ist so irrelevant». Wer einer Kunst, in der sich so viele Menschen gesehen und verstanden fühlen, ihre Relevanz abspricht, erklärt auch die Emotionen dieser Menschen für nichtig. Ein fieser, unheimlich arroganter Trick, der uns immer wieder in die Zweifelspirale zurückschubsen soll: Was ich denke und fühle, ist nicht wichtig genug. Doch ich weigere mich, noch weiter in diese Falle zu tappen.

«Stell dir vor, wie vielen anderen es gerade genauso geht, *a dream*», schrieb mir M. neulich, als wir mal wieder unverhältnismäßig viel Zeit im Swift-*rabbit hole* verbrachten. Und genau das ist es, was uns immer wieder hineinlockt: das Wissen um die Tatsache, dass wir mit Millionen von Menschen gleichzeitig Gefühls-Highs erleben. Die Bestätigung, dass wir trotz allem eine Einheit sind, zusammengeschweißt durch die Musik, Erlebnisse und Emotionen der durchlebten Eras. Dass wir Zugehörigkeit spüren, kollektiv Stolz empfinden für den Weg dieser Künstlerin und in gewisser Weise auch für uns selbst. Ich werde weiterhin immer mal wieder auftauchen aus diesem Kaninchenloch der Informationen. Den Kopf raushalten und mit nötigem Abstand auf mein Fantum blicken. Aber eines will ich dabei nicht vergessen: Egal, ob stiller oder Hardcore-Swiftie, ob neu dabei oder von Anfang an – auf diejenigen, die sich trotz einiger düsterer Weggabelungen dennoch hineinwagen, wartet vor allem eins: «Wonderland».

9. POWER

Über die Macht der Massen

Never be so polite, you forget your power
Never wield such power, you forget to be polite

Taylor Swift – *marjorie*

Als mein Handyakku gerade 87 % anzeigt, erreicht mein Swiftie-Brain einen neuen Tiefpunkt. Wo andere einen grünen Energiebalken sehen, erkenne ich ein rot-weißes Footballtrikot mit der Nummer 87 und denke sofort an Travis Kelce, den Freund von Taylor Swift. Seit die beiden die Hauptrollen in Amerikas neuer Lieblings-RomCom spielen, denke ich also bei dieser Zahl sofort an einen Sportler, der mir bis vor wenigen Monaten noch völlig unbekannt war. Auch mir kommt es manchmal absurd vor. Aber Taylor Swift beherrscht offenkundig mein Gehirn. In Gesprächen mit Freund:innen antworte ich mit ihren Lyrics, und im Fitnessstudio suche ich mir automatisch einen Spind mit der Quersumme 13. Das ist alles nichts Neues und auch noch einigermaßen witzig – eben wie so ein Crush, an den du ein bisschen zu oft denkst und mit dem du alle in deinem Umfeld manchmal nervst, manchmal amüsierst. Gelacht habe ich zunächst auch noch, als ich von dieser Theorie erfuhr: Taylor Swift zeige sich nur deshalb bei einem Spiel der New York Jets, um die Google-Suche vom CO_2-Ausstoß ihrer Privatjets wegzulotsen. Allein das Interesse an dieser Theorie trendete auf Google und TikTok, Videos über den ‹genialen› PR-Stunt generierten über eine halbe Million Klicks. Ob strategischer PR-Move aus dem Hause Swift oder bloß wilde Spekulation, Fakt ist: Taylor Swift zählt zu den am meisten gegoogelten Personen des Planeten, erst im März 2024 stand sie mit über achtzehn Millionen Aufrufen sogar an der Spitze dieser Charts. «Swift's name draws attention, and that's power»,[45] bringt es die Journalistin Angela Watercutter auf den Punkt. Taylor ist sich der Macht bewusst, die ihr das Internet verliehen hat, und weiß, wie sie Massen in Bewegung setzen kann, on- und offline. Was sie postet, versickert nicht im Nirgendwo, es kurbelt Verkäufe an. Oder sorgt für über fünfunddreißigtausend Neuregistrierungen auf vote.org. Auslöser dafür war eine einzige Instagram-Story, in der sie ihre über zweihundertachtzig Millionen Follower:innen während der US-Zwischenwahlen 2023 daran erinnerte, wie wichtig deren Stimme sei.

Dass ihre eigene Stimme auch abseits ihrer Musik von Bedeutung ist, lernte Taylor 2018, als sie sich zum ersten Mal öffentlich politisch äußerte. In einem Instagram-Post positionierte sie sich klar gegen Marsha Blackburn, eine konservative Republikanerin ihres Heimatstaates Tennessee, deren Parteipolitik u. a. die Einschränkung von Frauenrechten und die Diskriminierung der LGBTQIA+-Community beinhaltete. Der Schritt von Pop zu Politik kostete Taylor damals nicht nur Überwindung, sondern auch die Gunst einiger Republikaner:innen und Angehöriger des rechten Flügels inklusive des damaligen US-Präsidenten Donald Trump. Ein meiner bescheidenen Meinung nach absolut angemessenes Lebensziel. Dass ihre öffentlichen Äußerungen sehr hohe Wellen schlagen und maßgebliche Konsequenzen haben könnten, zeigte sich in den besorgten Gesichtern ihres engeren Umfeldes (zu sehen in der Netflix-Doku *Miss Americana*), das sie vor den möglichen Risiken eines solchen Schrittes warnte: nur noch halb volle Stadien, weniger Verkäufe, noch mehr Personenschutz und, vor allem, schlechte Schlagzeilen. Immer dann, wenn ich abwäge, ob und wie ich mich öffentlich zu Diskriminierungen oder politisch problematischen Personen äußern soll, erinnere ich mich an ihre Antwort: «Wenn ich schlechte Presse bekomme, weil ich sage: ‹Wählt keine homophobe Rassistin›, dann bekomme ich dafür schlechte Presse. Es ist mir wirklich egal.»[46] Trump gab daraufhin augenzwinkernd zu, er höre Taylors Musik jetzt zu fünfundzwanzig Prozent weniger gern. Was sich rückblickend liest wie ein trotziges Schulterzucken auf beiden Seiten, entwickelt sich sechs Jahre später zu einem bedrohlichen Konflikt. Denn Taylor Swifts explodierende Reichweite, der beispiellose Erfolg ihrer Tour und die Ernennung zur *Person of the Year 2023* durch das TIME Magazine konnte für einige ultrakonservative US-Amerikaner:innen nur eines bedeuten: Verschwörung. Und ihre Beziehung zu einem NFL-Player, der während der Coronapandemie «für Gifttodspritzen warb»,[47] nichts anderes als eine Propaganda-Maßnahme direkt aus dem Pentagon. Taylor Swift sei ein «Psyop», eine «psychological operation», von Präsident Biden eingekauft und in Szene gesetzt, um die Gehirne junger Menschen zu beeinflussen und auf die Seite der Demokrat:innen zu zerren. Auch wenn ich mein Swiftie-Brain manchmal belächle, sind die Hirne der US-amerikanischen Hardcore-Swifties für rechte Verschwörungstheoretiker:innen ein echter Grund zur Sorge. Denn Taylor Swifts Macht über ihre Massen, die ihren Empfehlungen angeblich bedingungslos folgen, könnte bei der bevorstehenden Präsidentschaftswahl für signifikante Ergebnisse in den Swing States sorgen. Aktuell klammert sich also ein Großteil der Welt an die Hoffnung auf ein «Vote for Biden!» aus Taylors Mund. Oder was wäre, wenn sie verkünden würde, keine neue Musik mehr zu veröffentlichen, bis sich nicht soundso viele neue Wähler:innen registriert und noch dazu für die Demokrat:innen gestimmt hätten? Ein spannendes Gedankenexperiment, auf das sich auch Podcast-Host Matt Bernstein und Journalistin Angela Watercutter in einer Folge von *A Bit Fruity* einlassen. Ab wann verschwimmen die Grenzen zwischen Popstar und Power-Influencerin? Steht Taylor Swift in der Pflicht der Öffentlichkeit, nimmt vor allem ihre finanzielle Situation als Milliardärin sie in eine besondere politische Verantwortung? Sind uns exorbitant reiche Prominente eine Positionierung schuldig?

Die Politik ist nicht der einzige Player, der Taylor Swift für sich gewinnen will. Auch Regierungen profitieren vom Swift-Effekt, der Bruttoinlandsprodukte beträchtlich nach oben schießen lässt. Die *Eras Tour* ist die fetteste Cashcow der Musikbranche seit Jahren, und wo potenziell Geld fließen kann, wird auch gemolken. Der sechstägige Aufenthalt in Los Angeles brachte schätzungsweise dreihundertzwanzig Millionen Dollar an Einnahmen, in Japan wurde vorab mit zweihundertachtundzwanzig Millionen gerechnet. Allein ihre US-Shows der Welttournee generierten ein Bruttoinlandsprodukt, welches das von über dreißig Ländern übersteigt. Pro Show befinden sich etwa fünfzig- bis achtzigtausend Fans im Stadion – die müssen an- und abreisen, essen und irgendwo schlafen. Ich erinnere mich sehr gut an die Panik, die mich und meine Freund:innen im Sommer 2023 überfiel und zu Airbnb und Co. trieb. Die Jagd nach günstigen Unterkünften in Städten wie Paris, London, München oder Gelsenkirchen hatte bereits begonnen – nur Tickets hatten wir da noch keine.

Rund eintausenddreihundert Dollar, also gut eintausendzweihundert Euro, investieren Swifties durchschnittlich in eine Konzertnacht inklusive Merchandise und eigens kreierter Outfits. Dabei darf ein Accessoire nicht fehlen: das Freundschaftsarmband mit sorgfältig aufgefädelten Buchstaben, aus denen sich Songs, Albentitel oder liebste Zitate ergeben. «So make the friendship bracelets, take the moment and taste it»: Mit nur einer Songzeile kurbelte Taylor Swift die Produktion und damit die Nachfrage von Freundschaftsarmbändern so sehr an, dass es zu Lieferengpässen der plötzlich heiß begehrten Plastikperlen kam. Kleinunternehmer:innen stellen eigenen Swift-Merchandise für ihre Etsy-Shops her, von persönlich konfigurierten Jeansjacken über Beutel bis zum Eras-Shirt. «Wäre Taylor Swift ein Land, hätte ihre Volkswirtschaft den Wert von fünfzig Ländern zusammen», lese ich über den wirtschaftspolitischen Einfluss der *The Eras Tour*.[48] Vom gestiegenen Bruttoinlandsprodukt über neu geschaffene Arbeitsplätze bis zum Aufpoppen Hunderter Onlineshops: Es steckt eine enorme monetäre Macht in der Marke Taylor Swift, was nicht zuletzt der Kinofilm zur Tour bewies. Der stellte mit seinen Einnahmen nicht nur so manche Blockbuster in den Schatten, sondern sorgte auch für Streamingrekorde auf Disney+, wo *The Eras Tour (Taylor's Version)* seit Mitte März 2023 verfügbar ist. Ein Jahresabo kostet da knapp neunzig Euro, und an dieser Stelle spare ich mir die Recherche, wie viele neue Abonnent:innen die Streamingplattform seitdem verzeichnen konnte, in Ordnung?

Taylor Swift bricht so viele Rekorde, dass die Einzigartigkeit ihres Erfolges in ihrer Summe beinahe die Bedeutung verliert. Sie ist eine Industrie, am Laufen gehalten von der Kaufbereitschaft ihrer Fans. Und deren Freund:innen und Partner:innen, Eltern, Geschwister, Tanten und Onkel. Eine Marke mit Macht, mit ökonomischem, politischem und kulturellem Einfluss, der nicht mehr zu übersehen ist. Aus der jungen Künstlerin, die ein neu gegründetes Plattenlabel mit aufbaute und zusammen mit ihrer Mutter eigenhändig verpackte Demo-CDs an Radiosender schickte, wurde eine Frau, nach der sich heute temporär sogar Städte umbenennen, wenn sie zu Besuch ist, von «Swift City» bis «Swiftie-apolis».[49] Eine Frau, die auch in ihrer eigenen Branche einige Strippen zieht und sich bereits mehr als einmal gegen Konzerne wie Apple Music, Spotify oder TikTok behaupten musste. Letzterer liegt aktuell im Zwist mit Taylors Plattenlabel Universal Music, gestritten wird sich um Nutzungsrechte der Songs, zu denen mehr als eine Milliarde Nutzer:innen täglich Content produzieren und, für TikTok als Marketingplattform relevant, konsumieren. Die Konsequenz: Die Musik ist vorerst verschwunden – bis auf die von Taylor Swift, die seit Mitte April wieder auf der App verfügbar ist. Wohl kaum zufällig kurz vorm Erscheinen ihres neuen Albums *The Tortured Poets Department*.

Taylor Swift «became the main character of the world», lautet eines der Argumente für ihre Ernennung zur TIME *Person of the Year* 2023. Auf der Shortlist standen u. a. auch Vladimir Putin, King Charles III. und der chinesische Präsident Xi Jinping. Drei echte Schwergewichte in der Kategorie Macht – und Machtmissbrauch. Ich muss daran denken, wie Taylor Swift lange Zeit als Popsternchen belächelt wurde, bevor ihr nicht nur massiver Einfluss, sondern jetzt also auch Macht zugeschrieben wurde. Wie sich die Gespräche in meinem Umkreis plötzlich um die Tour-Einnahmen einer Frau drehten, die bisher nicht im Ansatz wichtig für sie war. Ist eine weibliche Macht eine andere, weil sie noch so selten sichtbar ist? Schlägt sie so hohe Wellen, weil neben Begeisterung immer auch eine Ungläubigkeit mitschwingt? Und: «Ist Macht weniger verwerflich, wenn sie von einer Frau ausgeübt wird?», frage ich meine befreundete Autorin R. Wir einigen uns darauf, dass entscheidend ist, was mit der Macht getan wird, dass es einen Unterschied gibt zwischen nutzen und ausnutzen. Aber dass es generell etwas Schlechtes sei, wenn Macht nur bei einer einzigen Person liegt, da ist sich R. sicher. Nur: Liegt Taylors Macht tatsächlich allein in ihrer Hand – oder vielmehr in der Loyalität, Kaufbereitschaft und dem Aktivismus ihrer Fans? Ist es dieser Popstar, den rechte Politiker wie Donald Trump zum Schweigen bringen wollen, oder sind wir es, diese scheinbar unaufhaltsam wachsende Fanmasse an emotionalen, lauthals liebenden und wütenden Frauen? Wie und ob Taylor Swift ihre neu errungene Macht ausspielen, für welche Zwecke sie ihr Kapital und ihre Fans in Zukunft mobilisieren wird, bleibt abzuwarten. Ich würde sie gerne fragen, ob sie sich überhaupt verantwortlich fühlt, ihre Rolle als Performerin gelegentlich verlassen und die der Aktivistin einnehmen zu müssen. Ob sie das Zerren von allen Seiten spürt, die mehr als nur neue Musik von ihr erwarten, was sie über die Verschwörungstheorien über sie denkt, über ihre angebliche Fake-Beziehung oder über die Tatsache, dass das Internet scheinbar kaum noch ohne sie leben kann? Vermutlich würde sie nicken, mir aufmerksam zuhören, nur um mir dann dieselbe Gegenfrage zu stellen wie ihrem Interviewpartner vom TIME Magazine: «Are you not entertained?»[50]

10. KRITIK

Über Kritiküben und das Dilemma des eigenen Fantums

Someday, I'll be big enough so you can't hit me

Taylor Swift – Mean

Ich bin müde. Es ist der 24. April 2024, und ich höre mich seit fünf Tagen durch Taylor Swifts frisch veröffentlichtes Album *The Tortured Poets Department* (*TTPD*). Mittlerweile schon auf Shuffle gestellt, trainiere ich mein Swiftie-Brain stundenlang, damit es sich die einunddreißig neuen Songs möglichst schnell einprägt. Ich überfliege Tweets zu Textanalysen, als wären es wichtige Eilmeldungen. Der beliebten Frage nach «dem besten» Lied weiche ich weiterhin aus. «Ich kann nicht mehr», textete ich M., wenige Minuten nachdem uns Taylor zusätzlich zu den bereits bekannten sechzehn Songs mit fünfzehn weiteren überraschte. Der erste Teil war noch nicht ansatzweise verarbeitet, das Swift-Universum stand Kopf, ich kurz vor einem emotionalen Kollaps, und M. antwortete nur mit: «Ich bin überfordert von diesen vielen Lyrics, da muss erst mal der Deutsch-LK ran.» Während wir uns also über diese fast schon absurde Intensität der neuen Era amüsierten, flatterten die ersten durchwachsenen Kritiken rein, und ein verhaltenes Murmeln schob sich durch Social Media – ist es vielleicht gar nicht *so* gut? Und auch ich ertappe mich bei dem Gedanken: Vielleicht nimmt der Hype jetzt tatsächlich ab? Ich pausiere die endlose Playlist, halte kurz inne, um herauszufinden, aus welchem Winkel meines Fandoms diese Frage kommt. Ist dieses Doppelalbum etwas, das nur wir Swifties wirklich verstehen und lieben können? Schreckt es die kurzweiligen Hype-Train-Fans ab, für die Taylor Swift bloß eine «Cruel Summer»-Liebe war? Schaut das öffentliche Auge bald wieder woandershin, und ist sie womöglich in greifbarer Nähe, die schmerzlich vermisste Zeit, in der es nicht notwendig erschien, sich ständig als Fan auch abseits der Musik zu Taylor Swift positionieren zu müssen? In mir schlummert ein Wunsch, für den sich ein Teil meines aufgeklärten, selbst erziehenden Selbst manchmal schämt: Ich will in aller Ruhe diese Musik hören und lieben. Ohne mich dafür rechtfertigen zu müssen, ohne dauernd mit kritischen Stimmen über die Bedeutung von Swifts Musik, über sie als Person diskutieren zu müssen.

«Ist es schließlich doch zu viel?»,[51] fragt zur gleichen Zeit auch die New York Times. Die «ständige Flut», also die hohe Frequenz, in der Taylor in den letzten Jahren Musik veröffentlicht hat, löse bei vielen ein bisher unbekanntes Gefühl aus: «Taylor-Swift-Fatigue». Zitiert wird ein Tweet von Chris Murphy, Senator von Connecticut, der nicht nur das «vollgestopfte» Album kritisiert, das «einfach nicht ihr bestes» sei, sondern auch den «dreisten Versuch, einen Markt komplett zu sättigen und zu dominieren, anstatt etwas Wichtiges oder auch nur halbwegs Interessantes zu sagen».[52] Hoppla, habe ich mich verlesen, oder ist da schon wieder die altbekannte Implikation: Worüber diese Frau schreibt, ist nicht relevant, nicht relevant *genug*. Sie ist zu laut, zu unüberlegt, sie ist zu viel. Ich tauche tiefer ein in die Kritiken zu *TTPD*, die das Album nicht nur in seiner musikalischen Qualität bewerten, sondern in ihm auch einen Pegelstandsmesser für den scheinbar leer gelaufenen Ideenpool der Taylor Swift erkennen. Kritiken, die meinen, einen Beweis gefunden zu haben, dass selbst sie nicht in der Lage sei, auf dem Höhepunkt ihrer Karriere ausschließlich Highlights zu produzieren.

Ich stoße auf einen Artikel, der sich nach seiner einleitenden Empörung («Dafür hat Sylvia Plath ihren Kopf nicht in einen Ofen gesteckt!»[53]) auf frühere Alben wie *reputation* bezieht, für das Taylor noch Songs schrieb, «als ob sie etwas zu beweisen und noch mehr zu verlieren hätte».[54] Jetzt habe die Milliardärin vor allem eine Identitätskrise, die sie zu ungefilterten, jammernden Lyrics («An einer Milliardärin ist nichts poetisch»[55]), einfallslosen Inszenierungen und einer Marketingstrategie verleitet, die sich nur um eines drehen: Swift selbst. Auch bei der Grammy-Verleihung im Februar 2024 «hallte das kollektive Desinteresse der Menge durch unsere Fernsehgeräte wider»,[56] als Taylor *TTPD* ankündigte, wie die Kritiker:innen schreiben. An einem Abend, der doch die vielfältigen Errungenschaften der Musikindustrie feiern sollte. Und nicht nur Taytay. Ihre Entscheidung für genau diesen Moment könnte man als impulsives Verhalten einer aufgeregten Künstlerin deuten, die so stolz auf ihre Arbeit ist, dass sie alles andere um sich herum vergisst – oder eben als unangebrachtes, eiskaltes Kalkül. Denn natürlich weiß Taylor, dass wir Swifties nach so einer Ankündigung nicht einfach nur nickend weiter unserer Wege gehen. Es war der Beginn einer neuen Era, wir entwarfen bereits die Welt, in der sich *TTPD* abspielen sollte. Investierten Zeit und viel Geld, bestellten fleißig alle möglichen Ausgaben vor, teilweise Vinyl und CD, ohne auch nur einen einzigen Ton vom neuen Album gehört zu haben.

Wenige Tage nach dem Release sitze ich geknickt in unserer Küche und gestehe meinem Freund: Ich wünsche mir eine Default-Einstellung. Noch einmal Taylor Swift zum ersten Mal hören, um mir ganz objektiv eine Meinung bilden zu können. Aber selbst wenn mir das Gehörte dann nicht gefallen würde: Würde ich tatsächlich öffentlich Kritik äußern, wenn ich eine an Taylors neuem Album hätte? Würde ich es wagen, mich der eher aggressiveren Sorte von Swifties auszuliefern, die mit dem bemängelnden Fingerzeig auf ihre *Mother* bekanntermaßen nicht ganz so gut umgehen können? Und: Ist es überhaupt noch möglich, ihre Musik zu bewerten, ohne sich nicht auch zur öffentlichen Persona positionieren zu müssen, zu wollen? Taylor Swift hat ein neues Level der Kritikäußerung freigeschaltet, in dem es unmöglich erscheint, neutral zu bleiben. Sie «war schon immer ein popkultureller Rorschach-Test»,[57] schreibt Alex Abad-Santos. Wir sehen in ihr, was wir sehen wollen, beeinflusst von den emotionalen Hintergründen, die uns als Menschen ausmachen. Die einen erkennen in ihr eine mutige, ambitionierte Feministin und die größte Songwriterin unserer Zeit, andere wiederum eine geldgierige Kapitalistin, die mit ihrem Privatjet um die Welt tingelt und dem Planeten schadet. Wer hat recht?

Da es keinen magischen Default-Button für mein Swiftie-Brain gibt, bin auch ich befangen, wenn es um Kritik an Taylor geht. Denn Kritik an einer Person, deren Kunst ich seit so vielen Jahren als prägend für meine Identität wahrnehme, empfinde auch ich leider in Teilen als Kritik an mir selbst – besonders wenn sie berechtigt ist. Ich sehe die bedrohlich dampfende Geldmaschine, die mit jeder Albumveröffentlichung aufs Neue vollgetankt wird. Ich sehe es sehr deutlich, das völlig überteuerte Merchandise, all die Hoodies, Shirts, Schlüsselanhänger und Handyhüllen, die ganz bestimmt sehr billig und unter widrigen Umständen produzierten Plastik-Popcornbecher zu einem Kinofilm, der wenige Wochen später auf der Plattform eines riesigen Konzerns zum Streamen angeboten wurde. Ich verfolge sie, die Debatte um die hochpreisigen und limitierten Sonderausgaben zu jedem neuen Album, denen Hardcore-Swifties und Sammler:innen kaum widerstehen können. Freue ich mich, dass die Businessfrau Taylor Swift mit ihrer Musik Millionen verdient? Ja. Ist mir bewusst, dass Reichtum niemals ohne Ausbeutung funktioniert? Aber ja. Steht in meinem Regal trotzdem die enorm schön gestaltete Vinyl von *TTPD*, obwohl ich mir alle Songs auch in meinem Spotify-Premium-Abo reinziehen kann? Na klar. «Wir sind aus beschissenem Konsumismus aufgebaut, aber wir bleiben trotzdem fühlende Menschen»,[58] beschreibt die Kritikerin und Essayistin Claire Dederer diesen absoluten Scheißkonflikt, der bezeichnend ist für die Widersprüchlichkeit unserer Gegenwart. Wir wollen gute Menschen sein, ethisch und moralisch auf der richtigen Seite stehen. Wir wissen, dass wir es zu Recht ablehnen sollen, wenn ein Individuum mit seinem Privatjet allein in zwei Wochen vierzehnmal so viel Tonnen CO_2 produziert wie der durchschnittliche US-Bürger pro Jahr. Gleichzeitig feiern wir es, dass selbiges Individuum eine eng getaktete Welttournee bestreitet, zu der wir vielleicht sogar selbst anreisen. Wir wissen, dass wir Fliegen verwerflich finden sollen, und wollen dennoch so gern weit entfernte Länder, Landschaften und Kulturen kennenlernen. Wir wollen und sollen gute Entscheidungen treffen und bitte auch möglichst schnell.

Als im Frühjahr 2023 Fotos von Taylor und Matty Healy auftauchten, kam ich in meiner Fanliebe zum ersten Mal ins Straucheln. Denn Healy hatte mit rassistischen und frauenfeindlichen Sprüchen Schlagzeilen gemacht, u. a. gegen die Rapperin Ice Spice, einer Person of Colour. Plötzlich trat etwas ein, das mir vorher nicht bekannt war: Ich schämte mich für mein Idol. Ausgerechnet *so ein Typ* schob sich jetzt zwischen uns? Das Geschrei auf Social Media und in anderen Medien war groß. Auf einer

Preisverleihung erklärte mir eine befreundete Journalistin grinsend, dass die deutschen Swifties gerade «verdächtig still» seien. Ob ich als Feministin weiterhin guten Gewissens Fan von einer Frau sein könne, die «diesen Typen» datete. Ich weiß nicht mehr, was genau ich daraufhin stammelte, aber der Schluck aus meinem Sektglas war umso größer. Musste ich mich jetzt erstmals von Taylor Swift distanzieren? Auf der anderen Seite: Würde ich mich sofort von meiner Freundin abwenden, nur weil sie bei Tinder auf dem falschen Typen ausgerutscht ist? Würde ich mich auch für sie schämen?

Taylor selbst äußerte sich nicht zum Verhalten von Matty Healy, was als noch problematischer aufgefasst wurde als die Romanze an sich. Als sie wenige Monate später ausgerechnet mit Ice Spice kollaborierte, sahen einige Kritiker:innen darin nur eine kostspielige Ablenkung und die lahme Wiedergutmachungsgeste für das Fehlverhalten ihres Lovers. Ich war genervt. Musste schon wieder eine Frau für die Fehltritte eines Mannes geradestehen? Und doch richtete diese Debatte den Fokus auf eine entscheidende Facette in meinem bisher immer glänzenden Bild von Taylor Swift: ihren Feminismus. Denn der hinkt leider hinterher, wenn es um Intersektionalität geht.

Kurzer Privilegien-Check: Taylor Swift ist weiß, stammt aus einer gut situierten Familie und hatte stets Zugang zu Bildung. Sie identifiziert sich als Cis-Frau, hat keine Behinderung oder erkennbaren chronischen Krankheiten. Sie verkörpert den sogenannten «weißen

Feminismus», der «nur die Gleichberechtigung relativ privilegierter weißer Frauen aus dem Mittelstand (mit weißen Männern aus dem Mittelstand) zum Ziel hat»[59] und die Diskriminierung und Benachteiligung von Frauen, die von Rassismus und Armut betroffen sind, ausklammert. Dieser «Girl Boss»-Feminismus, wie ihn Sibel Schick in ihrem Buch *Weißen Feminismus canceln* nennt, ist bezeichnend für die Weise, wie sich Taylor Swift mit ihrer Kunst und Statements in der Öffentlichkeit präsentiert. Sie spricht sich aus gegen Slut Shaming und den noch immer anhaltenden Sexismus der Medien und der Musikindustrie, sie feiert bei Awardshows laut und sichtbar den Erfolg ihrer Kolleginnen und steht für finanzielle Selbstermächtigung. Ihre ganze Karriere fußt auf einer «Girls support Girls»-Mentalität, die nicht falsch ist – aber nur die Basis eines Feminismus sein kann, der deutlich weiter gehen muss. Denn «mehr Frauen in Machtpositionen zu bringen und ihnen auf diese Weise genauso viel Macht zu verleihen wie jenen Männern in ihren Kreisen, beseitigt keine Ungerechtigkeiten, weil sich diese Forderung innerhalb eines Systems bewegt, das vor allem von Ungerechtigkeit lebt. Weißer Feminismus übt also keine Systemkritik, sondern möchte Teil des Systems werden – Teil des kapitalistischen Systems, das […] ausbeutet»,[60] erklärt Schick weiter und beschreibt damit den Aha-Moment so treffsicher, den ich selbst erst vor wenigen Jahren hatte. Es war die Erkenntnis, dass mein Feminismus mehr leisten muss, dass sein Ziel sein sollte, «heraus[zu] finden, welche Strukturen diskriminieren», um diese dann «durch gerechtere Systeme [zu] ersetzen und alle Menschen gleich[zu]stellen».[61]

Ist Taylor Swift jetzt also eine *schlechte* Feministin? Im Juli 2015 äußerte sich die Künstlerin Nicki Minaj kritisch über die Nominierungen der MTV Video Music Awards, die in der Kategorie «Video of the Year» scheinbar nur «women with very slim bodies»[62] berücksichtigen. Auch wenn Minaj nicht direkt gegen Taylor oder deren Video zu «Bad Blood» twitterte, nahm diese die Äußerung persönlich und griff nach ihrer bewährten «Girls support Girls»-Waffe, anstatt Minajs Kritik als Kritik an einem System zu erkennen, das Schwarze Frauen nach wie vor diskriminiert. Später entschuldigte sich Taylor, der Konflikt war behoben. Ich erkenne in dieser neun Jahre alten Twitter-Unterhaltung auch mich selbst. Was ich mit Mitte zwanzig über Feminismus dachte, entspricht nicht mehr dem, wo ich heute stehe, und ich bin auch noch längst nicht da, wo ich hinwill. Es ist ein Lernprozess, der Zeit kostet. In Taylors Fall geht einigen diese Entwicklung, die sich bekanntermaßen oft im Stillen abspielt, nicht schnell genug. Sie zeige sich zwar feministisch, aber an den falschen Stellen. Sie spende zwar Geld, aber generell zu wenig. Sie äußere sich vielleicht politisch, aber nicht oft und laut genug. Und dann sind da auch noch internationale Krisen, Konflikte und Kriege, zu denen sie ebenfalls keine Stellung bezieht. (In unregelmäßigen Abständen stelle ich mir ein Business Meeting mit Taylor Swift vor, an dem ich nur zu gern einmal teilnehmen würde. In meinem Kopf sitzt sie, ähnlich wie die Queen, an einem riesigen Konferenztisch, während eine Belegschaft aus Berater:innen ihr reihum Dokumente mit der täglichen globalen Agenda vor die Nase hält.) Ja, all diese Punkte sind wichtig, besonders für eine Person wie Taylor Swift, die eben nicht mehr nur Popstar, sondern auch einflussreiches Vorbild ist. Doch die Standards, an denen sie gemessen wird, sind unerfüllbar hoch. Wann macht die das alles?, fragen wir uns gerne, wenn wir den kreativen Output von Taylor mit unserem Alltag vergleichen, in dem wir es manchmal nicht einmal schaffen, die Wäsche aufzuhängen, geschweige denn wegzuräumen. Ein Vergleich, der natürlich auf ganzer Strecke versagt, denn Swift führt seit Jahren nicht mehr das Leben einer Durchschnittsperson mit durchschnittlichem Einkommen, sie verfügt über Ressourcen, von denen die allermeisten nur träumen können. Sie ist selbstverständlich nicht *eine von uns*. Und trotzdem identifizieren wir uns so stark mit Taylor. Ein Widerspruch, der mir als Fan vielleicht am meisten zu denken gibt.

Uns Swifties wird oft vorgeworfen, wir seien bedingungslos loyal. Die Intensität unseres langjährigen Fandoms würde uns blenden. Und an dieser Stelle wird es Zeit für ein Geständnis: Ich hatte keine Lust auf dieses Kapitel. Denn was wäre, wenn ich am Ende feststellen würde, dass eine berechtigte Kritik an Taylor Swift meine Begeisterung für sie überschattet? Wenn ich mir eingestehen müsste, dass wir uns beide verändert haben, dass meine langjährige Wegbegleiterin nicht mehr die gleichen Prinzipien und Werte vertritt wie ich. Ist Taylor Swift womöglich stehen geblieben, während ich in eine andere Richtung weitergegangen bin? Und, in die Zukunft gedacht: Ist sie irgendwann wirklich nur noch eine Freundin von damals, deren Stimme ich ab und zu gerne höre, weil sie mich an das Früher erinnert?

Einer der unzähligen Kritikpunkte an Taylor Swift als Person lautet: Sie ist immer noch dabei, erwachsen zu werden. Mit Mitte dreißig. *She should grow up.* Ein Vorwurf, den ich vor allem als Chance begreife. Taylor Swift ist noch längst nicht am Ende angelangt, sie entwickelt sich, lernt dazu. In aller Öffentlichkeit. Wie schon im Misogynie-Kapitel betont: Kritik verfehlt ihren Zweck, wenn sie sich an einer einzigen Person entlädt, während sie eigentlich den Fehlern eines ganzen Systems gilt. Und doch: Taylor Swift ist mit ihrem Schaffen Teil dieses Systems und hat den nötigen Einfluss, tatsächlich Dinge zu verändern. Ich traue ihr zu, dass sie ihr brillantes Mastermind nicht ‹nur› für ihre Musik, sondern auch für ihren Aktivismus nutzt. Taylor Swift steht in vielen Punkten schon längst als «The Man» an der Spitze – und mit etwas Geduld sorgt sie vielleicht auch dafür, dass auf dem Gipfel Platz genug für alle Frauen ist.

11. DIE TOUR

Über die wahre Größe der *The Eras Tour*

It's been a long time coming, but
It's you and me, that's my whole world

Taylor Swift – Miss Americana & The Heartbreak Prince

Ich hatte in meinem Leben bisher zwei große Sommerlieben. Bei der ersten war ich **13** Jahre alt, spielte in den Ferien jeden Tag Tennis und verbrachte die Abende damit, mit meinem Freund hinter dem Vereinsheim zu knutschen. Die Liebe endete, als die Tage kürzer wurden, und alles, was mir von diesem Sommer blieb, waren die ungebräunten Abdrücke meiner Tennissocken und der rote Staub an meinen Turnschuhen. Meine zweite Sommerliebe heißt *The Eras Tour.* Sie begann im Juli 2023, als der Ticketvorverkauf für die europäischen Shows von Taylor Swifts heiß ersehnter Tour bevorstand. Ich übertreibe nicht, wenn ich sage: In dieser einen Woche im Juli habe ich so viel Verschiedenes gefühlt wie schon lange nicht mehr. Ich hatte Dauerbauchkribbeln und weiche Knie, harrte in sinnlosen Meetings aus und konnte an nichts anderes denken als an dieses kleine, digitale Männchen, das gerade auf unzähligen Browsern im ganzen Land einen endlos langen Ladebalken entlanglief. Ich hatte einen so heftigen Crush auf die Vorstellung, Taylor Swift live zu sehen, dass mir alles egal war: Ticketpreise, Städte, Länder, meine Angst vor Menschenmassen. Hauptsache, irgendwie rein. Ich trauerte mit E. über das Pariser Ticketmaster-Debakel, wechselte mit M. minütlich Updates im nervenzehrendsten Liveticker meines Lebens («Nur noch 41323 vor mir!!!») und brach *eventuell* in Tränen aus, als es endlich hieß: «Anne, wir haben Karten.» Es war der Beginn einer einjährigen Era der Vorfreude.

Während dieser Text entsteht, bleiben mir noch fünfundachtzig Tage in dieser Phase der Verliebtheit, bevor ich mein erstes Konzert besuche. Mit verträumten Augen scrolle ich mich durch die Chats von damals, erinnere mich an die ersten schwerelosen Wochen auf Wolke **13**. Hätte ich für jedes Mal «Hast du Tickets bekommen?» einen Euro bekommen, hätten sich meine Ausgaben schnell selbst refinanziert. Denn der sagenumwobene Ticketverkauf war Talk of Town, nur mit vorab verschickten, zufällig zugeteilten Codes konnte sich überhaupt um die heiß begehrten Plätze in den europäischen Stadien bemüht werden. Ein Auswahlverfahren, das den immensen Andrang eingrenzen und einen Servercrash verhindern sollte – wie es Ticketmaster beim Vorverkauf für die US-Shows nicht gelungen war. Da hatten statt der erwarteten anderthalb Millionen Fans satte vierzehn Millionen die Seite gestürmt und zu Fall gebracht.[63] Damit jede:r ihrer monatlichen achtundneunzig Millionen Hörer:innen happy wäre, müsste Taylor Swift eintausendzweihundertsieben Shows mit einundachtzigtausend Zuschauer:innen pro Abend spielen – jeden Tag, fast dreieinhalb Jahre lang.[64] Zum aktuellen Stand umfasst *The Eras Tour* aber ‹nur› hundertzweiundfünfzig Shows, mit denen Taylor insgesamt dreiundfünfzig Städte in Nord- und Südamerika, Japan, Australien und Europa beglückt (Stand Mai 2024). Zum ersten Mal ertönte «Welcome to The Eras Tour!» am 17. März 2023 in Glendale, Arizona, ihren Abschluss feiert Taylor voraussichtlich am 8. Dezember 2024 in Vancouver. In Deutschland macht sie mit sieben Shows halt in Hamburg, München und Gelsenkirchen, dessen VELTINS-Arena bei uns zu Hause jetzt nicht mehr Schalke-Stadion, sondern liebevoll «Taylor's Stadion» genannt wird.

Die zweite Frage, die nach dem Ticketkauf nun immer kam, war, wie viel ich dafür bezahlt hätte. Manchmal wurde noch vorsichtig «Also, wenn ich fragen darf?» hinterhergeschoben. Als handele es sich um ein besonders sensibles Thema, bei dem meine eigene Scham über eine wahrscheinlich hohe Ausgabe schon vorausgesetzt wurde. Bei der *Eras Tour* ging es nur ums Geld. Die einen wollten Ticketpreise wissen, die anderen wollten es vor allem «wahnsinnig» finden, wie viel Taylor Swift an dieser Tour verdiene (geschätzte dreihundertsiebzig Millionen Dollar), und andere bettelten sie öffentlich an, sie möge auch in ihre Stadt kommen, damit sie dort für Einnahmen sorge. Wenige Wochen nach Tourstart wurden die Verbraucherausgaben allein in den USA auf über viereinhalb Milliarden Dollar geschätzt, das ist mehr als das Bruttoinlandsprodukt von fünfunddreißig Ländern zusammengenommen.[65] Mit Ticketeinnahmen von geschätzten anderthalb Milliarden Dollar ist Taylor Swifts *The Eras Tour* drauf und dran, den Thron der größten Konzertreihe der Geschichte zu erobern. Da sitzt bisher Elton John drauf, der mit seiner Abschiedstour neunhundertneununddreißig Millionen einspielte. Was ist so besonders an dieser Tour, die schon jetzt als *das* Popkultur-Ereignis der letzten zwei Jahre gefeiert wird? Warum kommen mir auch beim **13.** Mal Schauen unaufhaltsam die Tränen, wenn ich beim Tourfilm auf Play drücke?

Eine Möglichkeit, die historische Größe der *Eras Tour* zu fassen, ist, die Fakten zusammenzutragen. Vom Fassungsvermögen der Stadien über die Maße der Bühne bis zu der darin verbauten Technik, die Dauer des Auf- und Abbaus und die Anzahl der daran beteiligten Crewmitglieder. Die unfassbare Logistik, die eine solche Tour erfordert, die Kosten, die sie verschlingt. Ich könnte seitenweise Details dazu auflisten, all die Zahlen und Daten, die aber am Ende nur an der Oberfläche kratzen, die nur einen spärlichen Versuch darstellen, die wahre Bedeutung der *Eras Tour* zu decodieren.

Kurzer Blick zurück: Aufgrund der COVID-Pandemie musste Taylor Swift ihr für Sommer 2020 geplantes *Lover Fest* absagen. Es wäre ihre sechste Tour gewesen, knapp zwei Jahre nach der vielfach ausgezeichneten *reputation Stadium Tour*. Schon mit *1989*, *Red* und *Speak Now* war sie international unterwegs, während sich ihre erste Tour zu *Fearless* noch auf die USA beschränkte. Wenn Taylor gerade keine neue Musik produzierte, performte sie live. Möglichst nah an ihren Fans, denen sie – wie sie immer wieder betont – alles zu verdanken habe. Jede Tour zelebrierte dabei vor allem eines ihrer Alben, hatte ein klares und zur Era passendes Konzept, einen ganz bestimmten Look, der sich in Bühnenbild, Kostümen und Requisiten widerspiegelte. Taylor Swift ist nicht Taylor Swift, wenn sie nicht auf Tour gehen kann. Mit der endgültigen Absage vom *Lover Fest* hörte man im globalen Lockdown die Fan-Herzen also umso lauter brechen. Was dann geschah: Taylor, die 2019 noch bei den American Music Awards zum «Artist of the Decade» und zur Billboard's «Woman of the Decade» gekürt wurde, veröffentlichte die Geschwisteralben *folklore* und *evermore*, ihre ersten Re-Recordings *Fearless (Taylor's Version)* und *Red (Taylor's Version)* sowie den Kurzfilm zu «All Too Well (10 Minute Version) (Taylor's Version) (From The Vault)», für den sie u. a. einen Grammy erhielt. Ihr zehntes Studioalbum *Midnights* erschien im Oktober 2022 und brach schon in den ersten Tagen alle Verkaufs- und Streamingrekorde – kurz bevor Taylor Swift im November bei der TV-Sendung Good Morning America endlich bekannt gab: «I'm going back on tour.» *(Bei der Erinnerung daran kamen der Autorin schon wieder kurz die Tränen, Anm. der Red.)*

The Eras Tour: Eine groß angelegte Welttournee von Taylor Swift, die nicht weniger sein sollte als die musikalische Reise durch all ihre Eras. Eine fast dreistündige

Bühnenshow mit dem Best-of aus über fünfzehn Jahren Musikgeschichte. Als nach dem Kick-off im März 2023 die ersten Bilder und Videos in den sozialen Medien auftauchten, befand sich plötzlich die halbe Welt in der «Eras-Era». Wir Swifties lernten schnell die Setlist auswendig (damals noch vierundvierzig Lieder von zehn Alben), führten feinsäuberlich Protokoll über jeden Überraschungssong während der Akustik-Sessions, freuten uns über Special Guests (Phoebe Bridgers, HAIM, Marcus Mumford, Jack Antonoff, Ice Spice ...) und bereiteten unsere Nicht-Swiftie-Freund:innen mit Excel-Tabellen zu allen wichtigen Lyrics und Fan-Gesängen vor. Jeden Tag wurden wir beschenkt mit verpixelten Handyaufnahmen und Fotos von Taylor, mit Outfits, die wir schnell als Ode an frühere Tourlooks erkannten, mit altbekannten Requisiten und Referenzen, die Erinnerungen wachriefen. Wir waren: *in love*. Und sind es immer noch.

Die *Eras Tour* ist eine einzige Party und Taylor die DJane unserer Emotionen. Wir heulen hemmungslos, wenn sie zum ersten Mal auf dieser überdimensionalen Bühne auftaucht, und singen uns während der «Cruel Summer»-Bridge ergeben die Seele aus dem Leib, wenn sie uns mit «Prove it!» dazu auffordert. Wir formen mit ihr unsere Hände zu Herzen und sehen in der Frau im goldenen Paillettenkleid (das übrigens eigentlich auch ein Bodysuit ist) gleichzeitig die achtzehnjährige Taylor, wie sie «head first, fearless» über die Bühne wirbelt. Wir fahren drei Stunden lang Achterbahn und reisen mit jeder einzelnen Person im Publikum gemeinsam durch die Vergangenheit. Wir feiern, als wären wir noch einmal zweiundzwanzig und auf schönste Weise betrunken von unseren eigenen Idealen und von zu süßem, billigem Wein. Wir sind noch einmal hoffnungsvoll verliebt in die Idee der *einen*, schicksalhaften «Love Story», bevor wir uns die gesamten zehn Minuten von «All Too Well» in den Armen liegen und uns Zeile für Zeile jeden verdammten Liebeskummer von den Herzen schmettern. «Don't Blame Me», wenn ich meine Hände gen Himmel richte und mich dem fast spirituellen Momentum hingebe, berauscht von Taylor Swift, wie sie uns im schwarzen Schlangeneinteiler zu einer Schicksalsgemeinschaft macht. Taylor Swift beherrscht die Bühne und uns. Sie wechselt Eras, Kostüme und Identitäten, sie ist «Überlebenskünstlerin, Verführerin, Geschichtenerzählerin: Swift gibt sich selbst die Erlaubnis, die Frau zu sein, die sie in jedem Moment sein möchte».[66] Und sie lädt uns dazu ein, es ihr gleichzutun. Wenn sich Taylor mit ihren vierunddreißig Jahren im smaragdgrünen Samtumhang inmitten eines Hexenkreises dreht und sich mit so viel Spaß, Leidenschaft und Drama über die Bühne ihres Lebens bewegt – was hält mich eigentlich davon ab, jede Era meines Erwachsenwerdens stolz für mich zu feiern?

Die *Eras Tour* ist ein absoluter Safe Space. Nicht nur für Mädchen und Frauen, sondern für alle Kinder, Jugendlichen und begleitenden Eltern, für queere Personen und für alle, die sich ohne Angst vor Hass und Verurteilung offen ihren Gefühlen hingeben wollen. Väter dürfen erleben, wie ihre Töchter voller Selbstbewusstsein strotzen, und selbst Nicht-Swifties können sich der Wirkung des «Dialoges» zwischen Swift und ihren Tausenden synchron mitsingenden Fans nicht entziehen. Es ist ein Spektakel.

Wenn Taylor Swift in ihrem märchenhaften Ballkleid und der Koi-Gitarre die ersten Akkorde zu «Long Live» anstimmt, wenn sie für uns und mit uns singt «Promise me this/That you'll stand by me forever», während ihre Band die Bühne betritt und sich mit ihr in einer Reihe formiert – die Band, die sie von der ersten Tour an begleitet –, dann schaltet das ein ganz neues Level an Swiftie-Gänsehaut frei. «Bei einem Swift-Konzert [sind] immer zwei Attraktionen zu bestaunen: Swift *und* die Swifties»,[67] beschreibt Jörn Glasenapp sein Konzerterlebnis der *Eras Tour* so schön treffend. Von ikonischen Outfits aus Taylors Musikvideos über humorvolle Hommagen an ihre besten Zitate bis zur originalgetreuen Nachbildung strassbesetzter Bodysuits – die Looks, in denen sich Swifties präsentieren, sind next level. Und auch wenn es mich zum aktuellen Zeitpunkt komplett stresst, dass ich noch nicht weiß, in welchem Era-Outfit ich zum Konzert gehen will, empfinde ich nichts als Respekt für so viel Engagement und Liebe zum Detail. Dabei ist es für viele ganz leicht, sich über Swifties lustig zu machen. Für einen einzigen Konzertbesuch geben sie Unmengen an Kohle aus, investieren Stunden über Stunden in handgefertigte Kostüme und knüpfen Freundschaftsbänder, bis ihnen die Finger bluten. Sie sind laut, irgendwie kindisch, schrill und sehr pink. Sie pilgern zu Tausenden durch die Stadt, blockieren Straßen und U-Bahnen, campen vor den größten Stadien der Welt und feiern ihren Superstar, selbst wenn sie ihn gar nicht zu Gesicht bekommen. Es kostet wenig Kraft, das eigene Unverständnis über dieses Phänomen und die damit verbundene Verachtung für Swifties und die *Eras Tour* in einem Hasskommentar auf Social Media zu äußern. Wer das tut, kann aber auch einfach in diesen Kommentarspalten bleiben und sich einsam selbst applaudieren. Denn wir Swifties können nur laut lachen über diesen armseligen Versuch, unsere alles entfachende Euphorie kleinreden zu wollen. Die *Eras Tour* ist ein kollektives *Fuck it*. Wir teilen eine Begeisterung, die uns niemand nehmen kann: weder ein Mann, der sich von ein paar Strasssteinen in seiner Männlichkeit bedroht fühlt, noch irgendwelche Pop- oder Hochkultur-Verteidiger:innen und Kritiker:innen, denen Taylor Swifts Musik nicht «cool» oder «artsy» genug ist. Wir halten uns an Taylor, die beweist: Natürlich kann ich eine dreistündige Best-of-Show spielen und damit die größten Stadien der ganzen Welt füllen. *Watch me.* Und wir schauen zu, auch nach über einem Jahr noch immer endlos fasziniert vom Ideenreichtum, der Wucht und Professionalität dieser Künstlerin.

And I was screaming, «Long live all the magic we made»
And bring on all the pretenders, I'm not afraid
Singing, «Long live all the mountains we moved»
I had the time of my life fighting dragons with you

Taylor Swift – Long Live

Neben all den beeindruckenden Rekorden, Zahlen und kaum mehr greifbaren Geldsummen verbirgt sich also diese für mich noch wichtigere Bedeutung hinter der *The Eras Tour*: Sie ist das Herzstück unseres Fantums. Jedes Konzert lebt von uns und unserer Begeisterung, von der Vertrautheit zwischen Taylor und den Swifties, von Überraschungen, Erinnerungen und den für uns versteckten Easter Eggs. Sie bedeutet Freundschaft, Verbundenheit und Zugehörigkeit, sie feiert in schillernden Facetten die Komplexität menschlicher Emotionen. Es ist die hundert**13**prozentige Entscheidung, sich für eine kleine Weile bedenkenlos der Schönheit des Hier und Jetzt hingeben zu können. Was genau passieren wird, wenn ich meiner Sommerliebe endlich live begegnen werde, weiß ich nicht. Aber ich bin mir sicher, dass es trotz der sagenumwobenen Konzertamnesie unvergesslich wird. Und dass mir von dieser Liebe deutlich mehr bleiben wird als der Stadionstaub auf meinen Glitzerstiefeln.

12. ZUKUNFT

Über die Frage, wo Taylor Swift in 13 Jahren sein könnte

Don't want money
Just someone who wants my company
Let it once be me

Taylor Swift – The Prophecy

Aufwachsen im Patriarchat ist paradox: Erst sollst du als Frau doppelt so viel und hart arbeiten, um auch nur ansatzweise in die Nähe von Männern zu kommen, die für weniger Einsatz teilweise deutlich besser bezahlt werden. Und wenn du dann da bist, wenn du sie sogar überholt und alles getan hast, was sie wollten, dann sagen sie: Okay, jetzt reicht's aber. «She has it all and still wants more», lautet der Tenor einiger Kommentare, die ich in letzter Zeit immer häufiger unter Beiträgen über Taylors Erfolge lese. Wozu mache sie überhaupt noch Musik, diese *gierige* Frau, sie habe doch schon alles. Mehr als genug Geld und so viele Awards, immerhin ja schon vierzehn Grammys. Ich stelle mir vor, wie die gleichen Menschen zu Steven Spielberg sagen: Hey, Steven, du hast doch schon fünfunddreißig Oscars und ein paar Milliarden auf dem Konto – aufhören vielleicht?

Wir staunen so sehr über den Erfolg von Künstlerinnen wie Taylor Swift, weil wir es immer noch nicht gewohnt sind, Frauen an der Spitze zu sehen. Wir können es ihr noch nicht ganz glauben, wenn eine Frau sagt: Ich will mit meiner Arbeit viel Geld verdienen und alle Preise gewinnen, die es gibt. Und Taylor Swift will *alles und mehr*, sie will Musik und Kunst machen, solange es geht und die Gesellschaft ihre Anwesenheit noch toleriert, wie sie selbst sagt. Sie tut alles dafür, ein Vermächtnis zu errichten, das ihr niemand mehr wegnehmen kann, das nachkommende Künstler:innen inspiriert und motiviert. Taylor Swift will nicht vergessen werden. Wenn ihre Karriere morgen vorbei wäre, was würde bleiben? Erinnern wir uns in **13** Jahren noch an jede einzelne Eilmeldung, die mit «Taylor Swift becomes the first artist in history to …» begann? Wie relevant sind dann noch Rekorde? Aktuell ist Taylor überall ganz oben: mit ihren Albenverkäufen, Streams in Millionenhöhe, mit der größten Tour ihrer Karriere und den wichtigsten Auszeichnungen. Dennoch, oder wahrscheinlich genau deshalb, hebt ein Teil der Gesellschaft bereits reflexhaft die Hand und fragt kritisch, neugierig, womöglich auch ein wenig ängstlich: Was soll jetzt noch kommen? Was soll ihn übertrumpfen, diesen beispiellosen Erfolg? Welches Highlight bleibt noch übrig? *She has it all.* Ich frage mich: Was ist denn überhaupt *alles*?

Das Beeindruckendste an Taylors Erfolg ist vielleicht, wie gut sie mit ihm umgeht. Die Tatsache, dass sie immer noch, nach knapp zwanzig Jahren, da ist. In einer männerdominierten, tendenziell sexistischen Branche steht sie nach wie vor aufrecht, als vierunddreißigjähriger Popstar, der noch keine Anstalten macht, die Bühne verlassen zu wollen. Was auch immer als Nächstes für sie kommen wird, ich kann es kaum erwarten, es mitzuerleben.

Wünsche, Befürchtungen und mögliche Überraschungen – Prognosen über die Zukunft von Taylor Swift:

Sie veröffentlicht nach *reputation (Taylor's Version)* und *Taylor Swift (Taylor's Version)* nur noch zwei weitere Alben, um die **13** vollzumachen.

Sie geht nicht mehr auf Stadiontour, sondern performt nur noch in kleinen Milliardär:innenkreisen und lässt sich direkt bezahlen.

Sie spielt nur noch in Kinder- und Altenheimen, Krankenhäusern und Schulen, umsonst.

Sie betritt ihre *Activism-Era* und marschiert auf Demos mit.

Sie schreibt Songs über Menstruation und die Wechseljahre.

Sie erobert mit «Female Rage: The Musical» den Broadway.

Sie verhindert die Wiederwahl von Donald Trump, mir komplett egal, wie.

Sie verbringt ihre Freizeit nur noch mit Superreichen auf Sportevents, lebt ein Leben im Luxus und verliert einen Großteil ihrer Fans.

Sie outet sich als bisexuell.

Sie heiratet Travis Kelce.

Sie wird Mutter und wird von da an nicht mehr als Mädchen oder junge Frau gesehen.

Sie wird Mutter und wird nur noch als solche betrachtet.

Sie veröffentlicht ein Album über Mutterschaft und unbezahlte Carearbeit.

Sie wird nie erleben, was unbezahlte Carearbeit bedeutet.

Sie lässt sich scheiden.

Sie wird Stand-up-Comedian.

Sie verliert ihre Eltern und schreibt über den schlimmsten aller Heartbreaks.

Sie kauft sich ein kleines Haus in Schweden, wo sie Gemüse anbaut, jeden Tag Zimtschnecken backt und alleine mit ihren drei Katzen lebt.

Sie wird US-Präsidentin.

Sie erhält nach Bob Dylan als zweite Musikerin jemals den Literaturnobelpreis und wie Kendrick Lamar den Pulitzerpreis.

Sie wird mit dem Friedensnobelpreis ausgezeichnet.

Sie wird richtig alt, und zwar so, dass wir es sehen.

Sie zieht sich aus dem Rampenlicht zurück und bildet Nachwuchskünstler:innen im Songwriting aus.

Sie investiert je 13 % ihres Vermögens in die Klimaforschung und in die Umsetzung von Wirtschaftsmodellen, die den Klimawandel schnellstmöglich aufhalten können.

Sie investiert 13 % ihres Vermögens in die Forschung, wie sich gebrochene Herzen schneller heilen lassen.

Sie entdeckt alternative Beziehungsmodelle für sich und schreibt einen Ratgeber zu Polyamorie. Oder nimmt dazu ein Album auf.

Sie dankt den Männern offiziell ab und zieht mit einer oder mehreren guten Freundinnen zusammen.

Sie wird in die Jury für die Grammys berufen.

Sie schlägt jedes Mal, wenn sie für eine Jury angefragt wird, stattdessen eine Künstlerin of Colour vor.

Sie feiert die Premiere ihres ersten Spielfilms, dessen Drehbuch sie 2022 bereits an Searchlight Pictures verkauft hat.

Sie wird Romanautorin.

Sie schreibt über das Gefühl des inneren Scheiterns, keine Kinder bekommen zu können.

Sie schreibt über den Wunsch, keine Kinder bekommen zu müssen.

Sie wird krank.

Sie geht in Frührente und gibt ab und zu noch Gitarrenunterricht an Nachbarskinder.

Sie veröffentlicht alle **13** Jahre ein neues Album, geht im hohen Alter noch auf *The Eras of a Lifetime Tour* und erhält mit hundert**13** Jahren die Auszeichnung «Artist of the Millennium».

Sie bleibt, wer sie ist: Taylor Swift, die Ausnahmekünstlerin voller Überraschungen.

13. LIEBE

Über die Liebe zu Taylor Swift *(Anne's Version)*

Eigentlich sollte dieses letzte Kapitel das einfachste von allen werden. Noch einmal beschreiben, warum ich Taylor Swift liebe. Und da wird's ja schon komisch: Ist es wirklich *Liebe*, die mich seit Jahren in diesem Kosmos hält? Kann ich überhaupt so ein großes Gefühl empfinden für eine Künstlerin, die ich als Person nur aus ganz, ganz weiter Ferne zu kennen glaube? Einmal mehr bringt mich Taylor also dazu, über Liebe nachzudenken. Für dieses Buch bin ich fast bis zum Anfang zurückgegangen. Ich habe mein Teenager-Ich besucht und den Träumen von damals zugehört, habe noch einmal neu über überstandene, toxische Beziehungen und emotionalen Missbrauch geweint und für mich festgehalten, wo ich nach alldem heute stehe. Als Frau. Ich habe an Ex-Freunde gedacht, aber noch viel mehr an die Freund:innen, die in den letzten Jahren mit mir und an mich rangewachsen sind. Wie sehr ihre Geschichten, sobald sie einmal laut erzählt werden durften, meine eigene bereichert haben. Wie anders ich dank ihnen heute liebe. Auch Taylors Sicht auf sich selbst und ihre Vorstellungen von Romantik und Beziehungen haben sich verändert, unfreiwillig ans Leben angepasst. Noch immer wird ihr dabei vorgeworfen, sie drehe sich in ihren Songs im Kreis, schreibe doch nur über Liebe und vor allem den Kummer dazu. Sie solle erwachsen werden. (Weil es da keine Liebe mehr gibt und keinen Kummer dazu?)

Courtney Love sagte vor Kurzem: «Taylor is not important. She might be a safe space for girls [...], but she's not interesting as an artist.»[68] In einer Zeit, in der die Gedanken und Gefühle von Mädchen und Frauen immer noch als irrelevant betrachtet, in der Zartheit, Verletzlichkeit und Traurigkeit noch immer stigmatisiert werden – was ist da wichtiger, als ihnen einen Safe Space, einen sicheren Raum, zu bieten? Taylor Swift erinnert mich jeden Tag an etwas, das ich früher oft unterdrücken wollte: Fühl so viel und intensiv, wie du willst. Scheißegal, was die anderen darüber denken. Es ist nicht peinlich, bei Popmusik zu heulen. Es ist auch nicht uncool, Kitsch toll zu finden. Es ist möglich, manchmal mit Tinte und Feder, manchmal eben mit Glitzergelstift zu schreiben. Kluges zu schreiben. Ich kann Taylor Swift hören und über gesellschaftspolitische Essays diskutieren. Es wurde schon so oft angemerkt, aber: Die deutsche Kulturkritik hält seltsam eisern entweder sehr explizit, aber mindestens implizit an der Unterscheidung von E und U fest, an ernst versus unterhaltend. Allerallerallerspätestens jetzt könnten wir damit mal aufhören, denn dass die Kriterien diffus sind und die Debatte drum herum zudem langweilig und ermüdend, wissen eigentlich alle. «*I* know how to ball and I know Aristotle», um Taylors eigene Worte mal kurz zu verdrehen.[69]

Taylor lebt mir mit ihren Eras, ihren Songs und ihren Statements vor, was ich in vielen Bereichen meines Lebens selbst sein möchte. Sie ist ehrgeizig und ambitioniert, sie scheut sich nicht einzufordern, was ihr zusteht. Sie macht sich breit in einem Raum voller Männer, die sie kleinreden wollen. Sie legt alles, was sie hat, in ihre Kunst. Sie lässt uns nah dran und zieht trotzdem ihre Grenzen. Für mich bedeutet sie: Nostalgie und Vorfreude, Melancholie und ungefilterte Begeisterung für die großen und kleinen Funken. Ich bewundere ihre Bereitschaft, sich immer wieder aufs Neue verlieben zu wollen – nicht nur in Männer, sondern auch in ihre Arbeit. In neue Projekte, die sie fordern und an vermeintliche Grenzen und darüber hinaus locken. Ich bin fasziniert von ihrem Songwritingtalent, wie sie mit zutiefst persönlichen Texten trotzdem immer noch genug Raum für individuelle Interpretation lässt. Ich bin beeindruckt von ihrem Durchhaltevermögen und ihrem Willen, einfach immer weiterzumachen. Wenn sie performt, kommen mir die Tränen, weil ich auch sehe, was bis dahin alles passieren musste. Sie macht mich stolz. Sie versucht nicht, in Kostüme zu schlüpfen, die ihr nicht passen. Sie erinnert mich daran, mich nicht mit den Leistungen und Eigenarten anderer Frauen vergleichen zu wollen. Keine Missgunst zu empfinden, sondern nur maximale Inspiration. Für mich ist ihre Freundlichkeit kein Fake, sondern ein Zeichen von Respekt. Ich liebe, wie sie sich immer noch vorstellt mit: «Hi, I'm Taylor!», und ich liebe ihre Loyalität, ihren Humor und ihr Lachen. Ich will mit ihr abhängen und mich mit ihr betrinken. Ich finde sie arschcool. Ich zitiere aus ihrem Leben und ihren Lyrics, als wären es Bücher, die ich immer wieder lese. Ich bin mit ihr groß geworden.

Was ich für Taylor und ihre Musik empfinde, ist also nicht nur Liebe, sondern vor allem Dankbarkeit. Für so viel mehr, als in diesen wenigen noch verbleibenden Zeilen ausgedrückt werden kann. Dieses Buch war meine Einladung, sich mit mir Hals über Kopf in den wilden Swiftie-Kosmos zu stürzen und Taylor vielleicht von neuen Seiten zu betrachten. Wenn dieser Text erscheint, schreibe ich schon an meiner nächsten Geschichte. Aber vielleicht ist mein Ende hier ja der Anfang einer neuen, *eurer* eigenen Lovestory mit Taylor Swift.

The only thing that's left is the manuscript
One last souvenir from my trip to your shores
Now and then I reread the manuscript
But the story isn't mine anymore.

Taylor Swift – The Manuscript

Zitatnachweise in chronologischer Reihenfolge ihrer Nennung:

Titel: All Too Well (10 Minute Version) (Taylor's Version) (From The Vault)
Texter:innen: Taylor Swift, Liz Rose

Ruth-Maria Thomas: Niemals nur für mich schreiben. Über Irmgard Keun. In: Unter Frauen. Geschichten vom Lesen und Verehren. Hg. v. Anna Humbert/Linda Vogt. Hamburg 2024, S. 166.

Titel: mirrorball
Texter:innen: Taylor Swift, Jack Antonoff

Titel: You Belong With Me (Taylor's Version)
Texter:innen: Taylor Swift, Liz Rose

Titel: Picture To Burn
Texter:innen: Taylor Swift, Liz Rose

Titel: A Place in this World
Texter:innen: Taylor Swift, Robert Ellis Orrall, Angelo Petraglia

Titel: The Way I Loved You (Taylor's Version)
Texter:innen: Taylor Swift, John Rich

Titel: Fearless (Taylor's Version)
Texter:innen: Taylor Swift, Liz Rose, Hillary Lindsey

Titel: The Story Of Us (Taylor's Version)
Texter:innen: Taylor Swift

Titel: Mine (Taylor's Version)
Texter:innen: Taylor Swift

Titel: 22 (Taylor's Version)
Texter:innen: Taylor Swift, Max Martin, Shellback

Titel: Everything Has Changed (feat. Ed Sheeran) (Taylor's Version)
Texter:innen: Taylor Swift, Ed Sheeran

Titel: Red (Taylor's Version)
Texter:innen: Taylor Swift

Titel: Welcome To New York (Taylor's Version)
Texter:innen: Taylor Swift, Ryan Tedder

Titel: Call It What You Want
Texter:innen: Taylor Swift, Jack Antonoff

Titel: Look What You Made Me Do
Texter:innen: Taylor Swift, Jack Antonoff, Fred Fairbrass, Richard Fairbrass, Rob Manzoli

Titel: Daylight
Texter:innen: Taylor Swift

Titel: the 1
Texter:innen: Taylor Swift, Aaron Dessner

Titel: tolerate it
Texter:innen: Taylor Swift, Aaron Dessner

Titel: Bejeweled
Texter:innen: Taylor Swift, Jack Antonoff

Titel: You're On Your Own, Kid
Texter:innen: Taylor Swift, Jack Antonoff

Titel: I Can Do It With a Broken Heart
Texter:innen: Taylor Swift, Jack Antonoff

Titel: The Prophecy
Texter:innen: Taylor Swift, Aaron Dessner

Titel: Clara Bow
Texter:innen: Taylor Swift, Aaron Dessner

Titel: Anti-Hero
Texter:innen: Taylor Swift, Jack Antonoff

Titel: Shake It Off (Taylor's Version)
Texter:innen: Taylor Swift, Max Martin, Shellback

Titel: Blank Space (Taylor's Version)
Texter:innen: Taylor Swift, Max Martin, Shellback

Titel: Who's Afraid of Little Old Me?
Texter:innen: Taylor Swift

Titel: my tears ricochet
Texter:innen: Taylor Swift

Titel: Better Than Revenge (Taylor's Version)
Texter:innen: Taylor Swift

Titel: it's time to go – bonus track
Texter:innen: Taylor Swift, Aaron Dessner

Titel: ...Ready For It?
Texter:innen: Taylor Swift, Max Martin, Shellback, Ali Payami

Titel: invisible string
Texter:innen: Taylor Swift, Aaron Dessner

Titel: Death By A Thousand Cuts
Texter:innen: Taylor Swift, Jack Antonoff

Titel: Dear Reader
Texter:innen: Taylor Swift, Jack Antonoff

Titel: So Long, London
Texter:innen: Taylor Swift, Aaron Dessner

Titel: The Manuscript
Texter:innen: Taylor Swift

Titel: champagne problems
Texter:innen: Taylor Swift, William Bowery

Titel: Cassandra
Texter:innen: Taylor Swift, Aaron Dessner

Titel: the last great american dynasty
Texter:innen: Taylor Swift, Aaron Dessner

Titel: Peter
Texter:innen: Taylor Swift

Titel: You're Losing Me (From The Vault)
Texter:innen: Taylor Swift, Jack Antonoff

Titel: The Man
Texter:innen: Taylor Swift, Joel Little

Titel: long story short
Texter:innen: Taylor Swift, Aaron Dessner

Titel: «Slut!» (Taylor's Version) (From The Vault)
Texter:innen: Taylor Swift, Jack Antonoff, Patrik Berger

Titel: Wonderland (Taylor's Version)
Texter:innen: Taylor Swift, Max Martin, Shellback

Titel: But Daddy I Love Him
Texter:innen: Taylor Swift, Aaron Dessner

Titel: marjorie
Texter:innen: Taylor Swift, Aaron Dessner

Titel: Mean (Taylor's Version)
Texter:innen: Taylor Swift

Titel: Miss Americana & The Heartbreak Prince
Texter:innen: Taylor Swift, Joel Little

Titel: Don't Blame Me
Texter:innen: Taylor Swift, Max Martin, Shellback

Titel: Long Live (Taylor's Version)
Texter:innen: Taylor Swift

Titel: So High School
Texter:innen: Taylor Swift, Aaron Dessner

Nachweise

1 Devin Leonard: Taylor Swift *Is* the Music Industry. In: Bloomberg, 14.11.2014, https://www.bloomberg.com/news/articles/2014–11–12/taylor-swift-and-big-machine-are-the-music-industry (zuletzt abgerufen am 16.04.2024).

2 Swiftie. In: Oxford Languages, https://languages.oup.com/word-of-the-year/2023/#:~:text=Swiftie%20noun,of%20the%20singer%20Taylor%20Swift (zuletzt abgerufen am 16.04.2024).

3 Arno Frank: Besuch beim Nerd, den Taylor Swift verklagt. In: Der Spiegel 8/2024.

4 Vgl. Francesca Wallace: Taylor Swift's stalker just broke into her house and slept on her couch. In: Vogue, 23.04.2018, https://www.vogue.com.au/celebrity/news/taylor-swifts-stalker-just-broke-into-her-house-and-slept-in-her-bed/news-story/399aff549ea806d3ba1237b7d7552111 (zuletzt abgerufen am 11.4.2024).

5 Vgl. Jeanna Kelley: Taylor Swift's real NFL screen time is so much lower than you think. In: SBNATION, 11.02.2024, https://www.sbnation.com/nfl/2024/2/7/24056297/taylor-swift-travis-kelce-super-bowl-2024-broadcast-screen-time-chiefs-niners (zuletzt abgerufen am 11.04.2024).

6 Taylor Swift is country's youngest star. In: Today, 22.11.2006, https://www.today.com/popculture/taylor-swift-country-s-youngest-star-wbna15841390 (zuletzt abgerufen am 21.05.2024). Übersetzung von AS.

7 Vgl. Jonathan Bernstein: Taylor Swift, «Tim McGraw». In: Rolling Stone, 19.05.2020, https://www.rollingstone.com/music/music-lists/greatest-debut-songs-singles-990470/eric-b-rakim-eric-b-is-president-993743/ (zuletzt abgerufen am 21.05.2024).

8 Seit 2021 veröffentlicht Taylor Swift Neueinspielungen ihrer ersten sechs Alben, erkennbar am Zusatz «(Taylor's Version)» oder «(TV)». Zugunsten der Lesbarkeit verzichte ich bei der Titelnennung und -zitation auf diesen Zusatz, insofern die Neueinspielung nicht maßgeblich für das Zitat an sich ist. In den Zitatnachweisen am Ende des Buches sind jedoch alle Titel, von denen es aktuell bereits eine (Taylor's Version) gibt, dementsprechend ausgewiesen.

9 Alexis Pedridis: Taylor Swift: Fearless. In: The Guardian, 06.03.2009, https://www.theguardian.com/music/2009/mar/06/taylor-swift-fearless-album-review (zuletzt abgerufen am 01.05.2024).

10 Glenn Rowley: For The Record: How Taylor Swift's ‹Speak Now› Changed Her Career. In: grammy.com, 07.07.2023, https://www.grammy.com/news/taylor-swift-speak-now-taylors-version-legacy-songs-mine-dear-john-mean (zuletzt abgerufen am 01.05.2024). Übersetzung von AS.

11 Zitiert nach Randall Roberts: Album review: Taylor Swift's ‹Red› burns with confidence. In: Los Angeles Times, 22.10.2012.

12 Jon Dolan: Red. Taylor Swift «Red» Album Review. In: Rolling Stone, 23.10.2012, https://www.rollingstone.com/music/music-country/red-187797/ (zuletzt abgerufen am 01.05.2024). Übersetzung von AS.

13 Jon Caramanica: A Farewell to Twang. In: New York Times, 23.10.2014. Übersetzung von AS.

14 Jamieson Cox: Reputation. Taylor Swift. In: Pitchfork, 13.11.2017, https://pitchfork.com/reviews/albums/taylor-swift-reputation/ (zuletzt abgerufen am 01.05.2024). Übersetzung von AS.

15 Christ Willman: Album Review: Taylor Swift's «Reputation». In: Variety, 09.11.2017, https://variety.com/2017/music/reviews/album-review-taylor-swift-reputation-1202611695/ (zuletzt abgerufen am 21.05.2024). Übersetzung von AS.

16 Maria Pasquini: Taylor Swift Explains Her Latest Album. In: People, 30.08.2018, https://people.com/music/taylor-swift-reputation-finding-love-throughout-noise/ (zuletzt abgerufen am 01.05.2024).

17 Jon Caramanica: Taylor Swift Emerges From the Darkness Unbroken on ‹Lover›. In: New York Times, 23.08.2019. Übersetzung von AS.

18 Rob Sheffield: Taylor Swift Leaves Her Comfort Zones Behind on the Head-Spinning, Heartbreaking ‹Folklore›. In: Rolling Stone, 24.07.2020, https://www.rollingstone.com/music/music-album-reviews/taylor-swift-leaves-her-comfort-zones-behind-on-the-head-spinning-heart-breaking-folklore-1033533/ (zuletzt abgerufen am 01.05.2024). Übersetzung von AS.

19 Jochen Overbeck: Taylor Swift. Evermore. In: Musikexpress, 11.12.2020, https://www.musikexpress.de/reviews/taylor-swift-evermore/ (zuletzt abgerufen am 01.05.2024).

20 Alexis Petridis: Taylor Swift: Midnights review – small-hours pop rich with self-loathing and stereotype-smashing. In: The Guardian, 21.10.2022, https://www.theguardian.com/music/2022/oct/21/

taylor-swift-midnights-review-small-hours-pop-rich-with-self-loathing-and-stereotype-smashing (zuletzt abgerufen am 01.05.2024).

21 Rob Sheffield: Come for the Torture, Stay for the Poetry. In: Rolling Stone, 19.04.2024, https://www.rollingstone.com/music/music-album-reviews/taylor-swift-the-tortured-poets-department-review-1235006977/ (zuletzt abgerufen am 01.05.2024).

22 Ebd., Übersetzung von AS.

23 Taylor Swift in: Miss Americana. Netflix. Ab Std. 1:10:00. Übersetzung von AS.

24 Chats & Reacts: ALBUM REACTION: Fearless (Taylor's Version). In: YouTube, 17.04.2021, https://www.youtube.com/watch?v=NqesShUJ-tQ (zuletzt abgerufen am 10.05.2024).

25 Lisa Forster [für die dpa]: Das große Herzschmerz-Konzeptalbum von Taylor Swift. In: Süddeutsche Zeitung, 19.04.2024, https://www.sueddeutsche.de/kultur/the-tortured-poets-department-das-grosse-herzschmerz-konzeptalbum-von-taylor-swift-dpa.urn-newsml-dpa-com-20090101–240419–99–732416 (zuletzt abgerufen am 10.05.2024).

26 Jessica Nicholson: Taylor Swift Accepts Songwriter-Artist of the Decade Honor. In: Billboard, 21.09.2022, https://www.billboard.com/music/country/taylor-swift-nashville-songwriter-awards-full-speech-1235142144/ (zuletzt abgerufen am 02.05.2024). Übersetzung von AS.

27 Taylor Swift ist mit Emily Dickinson verwandt. In: Frankfurter Allgemeine Zeitung, 05.03.2024,https://www.faz.net/aktuell/gesellschaft/menschen/taylor-swift-ist-mit-emily-dickinson-verwandt-19564886.html (zuletzt abgerufen am 02.05.2024).

28 Vgl. Mythological References from Folklore and Evermore, https://folklorevermoremythology.tumblr.com (zuletzt abgerufen am 02.05.2024).

29 Amanda Petrusich: Taylor Swift's Tortured Poetry. In: The New Yorker, 19.04.2024, https://www.newyorker.com/magazine/2024/05/06/taylor-swifts-tortured-poetry (zuletzt abgerufen am 19.05.2024). Übersetzung von AS.

30 Vgl. Miss Americana, ab Min. 52:23. Übersetzung von AS.

31 Sophie Hanson: Why Did Taylor & Matty Break Up? The Real Reason Revealed on Her New Album. In: Style Caster, 18.04.2024, https://stylecaster.com/entertainment/celebrity-news/1604843/why-taylor-swift-matty-healy-break-up/ (zuletzt abgerufen am 11.05.2024). Übersetzung von AS.

32 Jason Provencio: Taylor Swift is Ruining NFL Football for Me. In:

Medium, 31.01.2024, https://medium.com/bouncin-and-behavin-blogs/taylor-swift-is-ruining-nfl-football-for-me-2b6996737 f15 (zuletzt abgerufen am 20.05.2024). Übersetzung von AS.

33 Kristin Salaky: Calvin Harris explains his tweetstorm about his ex Taylor Swift: ‹I snapped›. In: Business Insider, 29.06.2017, https://www.businessinsider.com/calvin-harris-explains-tweets-about-taylor-swift-this-is-what-you-came-for-2017–6 (zuletzt abgerufen am 11.05.2024). Übersetzung von AS.

34 Wolfgang Schütz: Überschätzte Taylor Swift: Triumph der Einfalt statt Ikone. In: Augsburger Allgemeine Zeitung, 05.03.2024.

35 Michalis Pantelouris: Taylor, meine Töchter und ich. In: Süddeutsche Zeitung, 20.12.2023.

36 Wolfang Schütz: Überschätzte Taylor Swift.

37 Ebd.

38 Taylor Swift in: Miss Americana, ab Std. 1:20:00. Übersetzung von AS.

39 Vgl. Jörn Glasenapp: Taylor Swift. 100 Seiten. Stuttgart 2024.

40 Taylor Swift in: Miss Americana, ab Min. 33:02.

41 Michalis Pantelouris: Erfolgreich, wunderschön – und unsexy. In: Süddeutsche Zeitung, 09.01.2024.

42 Ebd.

43 Sam Lansky: Person of the Year 2023: Taylor Swift. In: TIME Magazine, 06.12.2023. Übersetzung von AS.

44 Chris Panella: Taylor Swift fans sent me death threats, doxxed my family, and accused me of being a pedophile after I criticized her Eras Tour. In: Business Insider, 22.06.2023, https://www.businessinsider.in/entertainment/news/i-wrote-a-story-critiquing-taylor-swifts-eras-tour-the-harassment-from-her-fan-base-was-worse-than-any-far-right-hate-ive-ever-received-/articleshow/101191617.cms (zuletzt abgerufen am 13.05.2024). Übersetzung von AS.

45 Angela Watercutter: Taylor Swift, QAnon, and the Political Weaponization of Fandom. In: WIRED, 11.12.2023, https://www.wired.com/story/taylor-swift-psyop-conspiracy-theory-person-of-the-year/ (zuletzt abgerufen am 15.05.2024).

46 Taylor Swift in: Miss Americana, ab Std. 01:04:00. Übersetzung von AS.

47 Zitiert nach Mariana Alfaro: Why Trump's MAGA Republican movement dislikes Taylor Swift. In: Washington Post, 31.01.2024. Übersetzung von AS.

48 Jeannie Kopstein/Mariah Espada: It's Taylor Swift's Era. In: TIME Special Edition, 05.11.2023. Übersetzung von AS.

49 Rania Aniftos: How Cities Are Celebrating Taylor Swift's Eras Tour Stops. In: Billboard, 19.07.2023, https://www.billboard.com/lists/taylor-swift-eras-tour-cities-celebrating/minneapolis-eras-tour/ (zuletzt abgerufen am 15.05.2024).

50 Zitiert nach Lansky: Person of the Year 2023.

51 Matt Stevens / Shivani Gonzales: Swiftie Fatigue? In: The New York Times, 22.04.2024. Übersetzung von AS.

52 Chris Murphy, https://x.com/christress/status/1781178574466142608 (zuletzt abgerufen am 19.05.2024). Übersetzung von AS.

53 Taylor Swift Strikes Out. In: Paste Magazine, 19.04.2024, https://www.pastemagazine.com/music/taylor-swift/taylor-swift-strikes-out-looking-on-the-tortured-poets-department (zuletzt abgerufen am 24.04.2024). Übersetzung von AS.

54 Ebd., Übersetzung von AS.

55 Ebd., Übersetzung von AS.

56 Ebd., Übersetzung von AS.

57 Alex Abad-Santos: It's impossible to be neutral about Taylor Swift. In: Vox, 19.04.2024, https://www.vox.com/culture/24134094/taylor-swift-tortured-poets-department-album-criticism-praise-pop-music-discourse (zuletzt abgerufen am 25.04.2024). Übersetzung von AS.

58 Claire Dederer: Genie oder Monster. Aus dem amerikanischen Englisch von Viola Topalova. München 2023, S. 70.

59 Sibel Schick: Weißen Feminismus canceln. Frankfurt a.M. 2023, S. 15.

60 Ebd., S. 17.

61 Ebd., S. 18.

62 Jason Lipshutz: Taylor Swift & Nicki Minaj's Twitter Argument. In: Billboard, 23.07.2015, https://www.billboard.com/music/pop/taylor-swift-nicki-minaj-twitter-argument-timeline-6641794/ (zuletzt abgerufen am 27.04.2024).

63 Vgl. Karli Bendlin: Taylor Swift's Eras Tour: A Timeline of the Ticketmaster Fiasco. In: People Magazine, 29.03.2023, https://people.com/music/taylor-swift-eras-tour-ticketmaster-timeline/#:~:text=Presale%20codes%20were%20then%20sent,were%20put%20on%20a%20waitlist (zuletzt abgerufen am 28.04.2024).

64 Vgl. Kristina Baum: Taylor Swift: So viele Shows müsste sie spielen, damit alle Fans happy sind. In: Musikexpress, 17.08.2023, https://www.musikexpress.de/taylor-swift-eras-tour-2346599/ (zuletzt abgerufen am 28.04.2024).

65 Vgl. US-Notenbank über Taylor Swift: «Mehr als das Bruttoin-

landsprodukt von 35 Ländern». In: manager magazin, 18.07.2023, https://www.manager-magazin.de/unternehmen/taylor-swift-tour-mehr-als-das-bruttoinlandsprodukt-von-35-laendern-a-cda5266f-1fd5–442c-86d1–28350e89898d (zuletzt abgerufen am 29.04.2024).

66 Stephanie Zacharek: The Eras Tour Movie Is Irresistible No Matter How Much You Think You Like Taylor Swift. In: TIME, 14.10.2023, https://time.com/6323858/taylor-swift-the-eras-tour-movie-review/ (zuletzt abgerufen am 30.04.2024). Übersetzung von AS.

67 Glasenapp: Taylor Swift, S. 91.

68 Zitiert nach Callie Ahlgrims: Courtney Love says Taylor Swift is ‹not important› and ‹not interesting as an artist›. In: Business Insider, 16.04.2024, https://www.businessinsider.com/taylor-swift-criticism-courtney-love-2024–4 (zuletzt abgerufen am 02.05.2024).

69 Die originale Liedzeile stammt aus dem Taylor-Swift-Song «So High School» und lautet: «You know how to ball and I know Aristotle».